北京市居住证积分落户政策研究

谢宝富 等 著

北京航空航天大学出版社

图书在版编目(CIP)数据

北京市居住证积分落户政策研究 / 谢宝富等著.
北京 : 北京航空航天大学出版社,2025.3. -- ISBN
978 - 7 - 5124 - 4617 - 5

Ⅰ. C924.241

中国国家版本馆 CIP 数据核字第 20258T7P62 号

北京市居住证积分落户政策研究

谢宝富 等 著

策划编辑 蔡 喆   责任编辑 江小珍

*

北京航空航天大学出版社出版发行

北京市海淀区学院路 37 号(邮编 100191)   http://www.buaapress.com.cn
发行部电话:(010)82317024   传真:(010)82328026
读者信箱:goodtextbook@126.com   邮购电话:(010)82316936
北京建宏印刷有限公司印装   各地书店经销

*

开本:710×1 000   1/16   印张:9.75   字数:239 千字
2025 年 3 月第 1 版   2025 年 3 月第 1 次印刷
ISBN 978 - 7 - 5124 - 4617 - 5   定价:39.00 元

>>> 目
Contents 录

第 1 章
绪　　论

1.1　研究背景及意义

随着改革开放的深入、社会经济的发展和城市化进程的提速,城乡之间、不同区域之间差距逐渐扩大,在高收入预期支配下,欠发达地区人口纷纷向发达城市迁移、聚集,人口流动蔚然成风。2020 年第七次全国人口普查数据显示,我国流动人口总数高达 3.76 亿人[①];2022 年,全国农民工总数高达 2.96 亿人[②]。北京是伟大祖国的首都,是我国政治、文化、国际交往、科技中心和北方经济重镇,拥有其他城市难以匹敌的区位优势和资源禀赋,向来为流动人口所仰视。1978—2015 年,北京市流动人口增长迅猛,不到 40 年间流动人口总数即由 21.8 万人增至 822.6 万人,年均增长率超过 10%,是同期人口总数年均增长率的 4.1 倍[③]。近年来,虽经较严厉的人口调控,但流动人口基数仍然庞大,2021 年、2022 年北京市常住流动人口分别为 834.8 万人、825.1 万人,分别占市内常住人口的 38.1%[④]、37.8%[⑤],流动人口服务、管理任务比较艰巨。

人口作为城乡之间最活跃的要素,其流动关及新型城乡关系的构建[⑥]。为突破户籍的藩篱,更好地服务、管理流动人口,2004 年上海市首次将居住证的适用对象由人才扩展至"非本市户籍的境内人员"[⑦],由此开启了居住证的大众化时代。2006 年,浙江嘉兴市率先宣布对嘉兴新居民(流动人口)全面实施居住证制度。此后,成都、深圳、无锡、温州、武汉等地相继颁行居住证政策,这标志着居住证政策在经济发达地区初步实施。2009 年,广东省中山市首次实施流动人口积分落户政策。此后,广东省、上海市、天津市等纷纷推出积分落户、居住证积分或居住证积分落户等政策,以积分

---

① 国家统计局.第七次全国人口普查公报(第七号)[EB/OL].(2021-05-11)[2024-01-02].http://www.stats.gov.cn/sj/zxfb/202302/t20230203_1901087.html.

② 国家统计局.中华人民共和国 2022 年国民经济和社会发展统计公报[EB/OL].(2023-02-28)[2024-01-02].https://www.stats.gov.cn/sj/zxfb/202302/t20230228_1919011.html.

③ 赵美风,戚伟,刘盛和.北京市流动人口聚居区空间分异及形成机理[J].地理学报,2018(8):1494-1512.

④ 北京市统计局,国家统计局北京调查总队.北京市 2021 年国民经济和社会发展统计公报[EB/OL].(2022-03-01)[2024-01-02].https://www.beijing.gov.cn/gongkai/shuju/tjgb/202203/t20220301_2618806.html? eqid=98f1a7e9000a6b2f00000002643502f3&wd=&eqid=d4bd388c000138a10000000264916f19.htm.

⑤ 北京市统计局,国家统计局北京调查总队.北京市 2022 年国民经济和社会发展统计公报[EB/OL].(2023-03-21)[2024-01-02].https://www.beijing.gov.cn/gongkai/shuju/tjgb/202304/t20230414_3032832.html? eqid=a020de470000a8f6000000066492f9ba.

⑥ 王春蕊.论农业转移人口市民化进程中居住证管理制度的完善[J].中州学刊,2015(6):60-65.

⑦ 上海市人民政府.上海市居住证暂行规定(2004 年 8 月 30 日上海市人民政府令第 32 号)[Z].2004-08-30.

为依据,给予流动人口以落户机会或准市民待遇等。在地方先行先试的基础上,2015年12月,国务院颁布了《居住证暂行条例》(国务院令第663号),规定流动人口申领居住证即可享有"六项基本公共服务""七项便利"①等,宣布从2016年1月1日起全国实行居住证政策,城区人口500万人以上的特大、超大城市应当根据城市综合承载能力和经济社会发展需要,以合法稳定就业和合法稳定住所、参加城镇社会保险年限、连续居住年限等为主要积分指标,建立完善的积分落户制度。此后,全国各省市纷纷颁布《居住证暂行条例》实施办法,标志着以居住证为载体的流动人口服务、管理及市民化政策体系的正式建立。

长期以来,不少超大城市都面临着调控人口规模与提高流动人口服务品质的两难选择②。居住证积分落户政策为解决该难题提供了新的路径。居住证政策有利于管理部门及时掌握流动人口信息,解决流动人口登记难、管理难问题,使流动人口管理更具准确性、动态性;在户籍藩篱短期内难以突破的情况下,通过赋权居住证,为解决流动人口居民待遇问题,在户籍体系之外另辟新的路径,破除以户籍为单一基准建立起来的公共资源配置方式,使城市公共服务从户籍人口向流动人口辐射,变相摊薄户口的"含金量",有利于推进户籍改革和城市化进程。积分落户让积分达标的流动人口落户,为其提供终极性属地"服务"——完整市民待遇,被誉为破除户籍坚冰的务实之路③,受到党中央和国务院的高度肯定。

然而,"制度是利益博弈的均衡。"④居住证积分落户政策也是各方利益博弈之后相互妥协的产物,产生的效果仅是阶段性合理而非最优。有学者直言,居住证制度(含积分落户)仅是我国户籍制度改革的"过渡"⑤。与其他超大城市相比,北京市居住证积分落户政策方案出台时间较晚,上海市、深圳市分别早在2004年⑥、2007年⑦即试行居住证政策,2013年⑧、2010年⑨就试行居住证积分或积分落户政策,北京市迟至2016年颁布《北京市实施〈居住证暂行条例〉办法》(北京市人民政府第270号令),同年10月开始实行居住证政策;2016年8月颁布《北京市积分落户管理办法

① 详见本书"3.1.2居住证政策的内涵及特征"部分。
② 张炜.对积分落户制度设计的几点思考[J].前线,2015(1):34-36.
③ 郑梓桢,宋健.户籍改革新政与务实的城市化新路——以中山市流动人口积分制管理为例[J].人口研究,2012(1):93-101.
④ 赵成斐,王剑.博弈论视角下居住证制度的历史演变和发展趋势分析[J].闽江学刊,2013(6):72-79.
⑤ 陆杰华,李月.居住证制度改革新政:演进、挑战与改革路径[J].国家行政学院学报,2015(5):50-56.
⑥ 上海市人民政府.上海市居住证暂行规定(2004年8月30日上海市人民政府令第32号)[Z].2004-08-30.
⑦ 深圳市人民政府.深圳市居住证试行办法(2007年7月31日深圳市人民政府令第169号)[Z].2007-07-31.
⑧ 上海市人民政府.上海市居住证管理办法(2013年5月28日上海市人民政府令第2号)[Z].2013-05-28.
⑨ 深圳市人民政府办公室.关于印发深圳市外来务工人员积分入户试行办法的通知(深府办〔2010〕70号)[Z].2010-08-12.

(试行)》(京政办发〔2016〕39号),2018年4月开始实行积分落户政策,比上海、深圳、广州、武汉、成都等市均晚得多。不仅颁布时间晚,而且准备时间长。从2010年北京市首次提出要实行居住证政策,到2016年10月正式实施该政策,历时6年有余。自2011年6月北京市政协常委会首次明确提出要采用积分落户的办法引进人才,到2018年4月正式实施积分落户政策,历时近7年之久;且北京市居住证积分落户制度开放力度较小,与其他超大、特大城市相比,北京市居住证的申领门槛较高,流动人口既要有6个月以上的在京居住时间,又要有至少6个月以上、可证明的在京合法稳定就业或合法稳定居住预期等,方可申领北京市居住证;积分落户门槛最高、名额很少。流动人口只有在京连续缴纳社会保险7年及以上,方可参与积分落户;在未向人才类存量流动人口实行条件落户的情况下,每年仅予流动人口以6000个积分落户指标[①];且居住证蕴含的普惠性福利偏少,在流动人口随迁子女教育、住房保障等核心权益上开放程度有限;积分落户蕴含的福利"十足"(完全市民待遇),却又"小众",区区6000个落户名额,相对于800余万流动人口的巨大规模而言,实属杯水车薪。在居住证与积分落户之间存在较大的赋权断裂,亟需借扩大居住证赋权及落户规模、完善积分指标体系等来填补。

经过多年的探索实践,北京市居住证积分落户政策虽已取得不俗的成绩,但也存在诸多缺点和不足,亟待完善,进一步研究本课题有较大的现实意义和应用价值。相关成果既可为北京市完善居住证积分落户及其他流动人口服务管理政策提供必要的参考,也可为其他城市实施同类改革提供有益的借鉴,为深入探索我国超大城市户籍改革及流动人口市民化路径提供"引玉之砖"。

1.2 概念、内容及方法

本书所涉及的概念主要有流动人口、居住证和积分落户等。所谓流动人口,广义而言,凡离开户籍所在地前往其他地区的人口都可称作流动人口,根据其外出时间长短,可分为长期在外人员和暂时外出人员;狭义而言,目前尚无统一说法。国家统计局人口普查时,对常住流动人口的界定是居住地与户口登记地所在乡镇、街道不一致,且离开户口登记地半年以上的人口。国务院《居住证暂行条例》将居住证申领条件规定为:"公民离开常住户口所在地,到其他城市居住半年以上,符合有合法稳定就业、合法稳定住所、连续就读条件之一的,可以依照本条例的规定申领居住证。""县级以上人民政府应当建立健全为居住证持有人提供基本公共服务和便利的机制。"可见其对流动人口的认定不是流动到其他乡镇或街道,而是其他市、县。2009年,国务院

---

① 因实行同分同落户制度,每年实际落户人数比6000稍多。

《流动人口计划生育工作条例》(国务院令第 555 号)规定"本条例所称流动人口,是指离开户籍所在地的县、市或者市辖区,以工作、生活为目的异地居住的成年育龄人员",但不包含在直辖市、设区的市行政区域内区与区之间异地居住的人员。关于流动人口的含义,本书采用的是类似国务院《流动人口计划生育工作条例》的相关解释和界定,认为流动人口是离开户籍所在地的县、市或者市辖区,以工作、生活、学习为目的而异地居住的人员。

所谓居住证,是暂住证后出现的旨在加强流动人口服务、管理的证件[①]。国务院《居住证暂行条例》规定,居住证是持证人在居住地居住、作为常住人口享受基本公共服务和便利、申请登记常住户口的证明。《北京市实施〈居住证暂行条例〉办法》规定,北京市居住证是来京人员在京居住、作为常住人口享受基本公共服务和便利、通过积分申请登记常住户口的证明。本书论及的居住证指《居住证暂行条例》及其北京市实施办法中规定的居住证,不包含用于人才引进的工作居住证、人才居住证等。

所谓积分落户,是指持居住证且愿意将户口迁入流入地的流动人口,按流入地所在地政府制定的相关积分指标体系,将自身条件转换为积分,积分达标后可将户口迁入流入地的一种制度安排。《北京市积分落户管理办法(试行)》规定,积分落户是通过建立指标体系,对每项指标赋予一定分值,总积分达到规定分值的申请人,可申请办理北京市常住户口[②]。本书论及的积分落户概念与《北京市积分落户管理办法(试行)》阐述的积分落户概念相同。

本书是现实问题研究,主要章节都是在分析政策缘起、内涵、特征及得失的基础上,揭示影响流动人口居住证申领意愿或积分落户意愿的关键因素,进而探索解决问题的思路与办法。鉴于北京市将居住证、积分落户政策方案分开制定,二者的政策内涵、特征、问题及解决办法各异,本书将二者各设一章分别进行探讨,只在需要讨论二者联系的地方才谈及二者的关联。

本书主要是策论性研究,主要分析路径无外乎提出问题、分析问题、解决问题,主要分析方法多是传统的"摆事实,讲道理",但也适当注意运用多学科理论进行分析。例如,第 3 章第 3.3.3 小节、第 4 章第 4.3.2 小节采用人口迁移理论、新经济迁移理论、推拉理论、以足投票理论等提出假设,展开分析。同时,也注意采用比较研究和定量研究方法进行探索:前者如第 3 章第 3.2.2 小节将北京市居住证的权益与上海、深圳、重庆等市居住证的权益进行对比;第 4 章第 4.1.3 小节将北京市积分落户的门槛与广州、深圳、天津、成都、武汉等市积分落户的门槛进行对比,将北京市积分落户规模与深圳、广州等市积分落户规模进行比较等。后者如第 3 章第 3.3.5 和 3.3.6 小节、第 4 章第 4.3.4 和 4.3.5 小节采用内部交叉、逻辑回归方法对北京市流动人口居

---

① 刘丽. "居住证"能否让人"四海为家"[J]. 人民论坛,2015(21):170-172.

② 该界定被《北京市积分落户管理办法》(京政办发〔2020〕9 号)所继承。

住证申领意愿、积分落户意愿的影响因素进行分析等。

　　需要指出的是,在研究过程中,尽管我们力求认真、细致,但因学力有限以及现实条件下北京市户籍制度改革和流动人口服务管理问题的难解与无解等原因,本书不仅在分析说理上时显笨拙、浅陋,而且写了不少"具体的空话""正确的废话"。凡此种种,敬希读者诸君惠予宽容、指正!

第 2 章

文献综述

2.1　国外相关研究

居住证积分落户政策是中国特色的户籍改革和流动人口服务管理政策,国外无类似政策,对其的研究相当匮乏,相关成果多是关于人口迁移和人口管理制度等的研究,这些成果是认识不同国家户籍制度和人口服务管理政策的重要参考,对研究居住证积分落户政策有一定的借鉴意义。

2.1.1　有关人口迁移的研究

海外许多学者都对人口迁移的驱动因素进行了深入研究,既有宏观理论总结,也有微观具体因素研究。

第一,人口迁移规律。19 世纪末,英国学者 E. G. Ravenstein 通过对英国等 20 个国家国内迁移现象的研究,在《迁移的规律》(*The Laws of Migration*)中首次提出了人口迁移七大规律:①人口迁移远近规律。人口迁移大多是近距离范围内流动,人口迁移数量一般随迁移人口与吸引其迁移的工商业中心城市之间距离的增加而减少;远距离人口迁移大多是向工商业发达的大都市迁移。②人口迁移阶梯规律。快速发展的城镇会吸引邻近的农村人口涌入,由此出现的空缺由更偏远的乡村人口填补,直到快速发展地区对发展相对落后地区的吸引力辐射到全境、整个国家城镇化进程结束;人口分散过程也有类似的规律。③迁移和逆迁移相伴随规律。大规模人口乡城迁移会伴随人口由城镇逆向回迁乡村的补偿性"逆迁移"。④迁移动力的城乡有别规律。农村居民的迁移动力胜于城镇居民。⑤男女迁移有别规律。与男性相比,女性更偏爱短距离迁移。⑥工业文明助推人口迁移规律。交通运输业越发展,工商业越繁荣,人口迁移越活跃。⑦经济因素主导人口迁移规律。虽然赋税繁重、气候恶劣、社会失序、严刑峻法、人身强制等都会导致人口迁移,但是这类因素导致的人口迁移规模一般小于为追逐财富而导致的人口迁移规模①。

第二,推拉理论。较早系统研究城乡迁移"推拉理论"的是德国学者 Rudolph Heberle,他指出,在德国农村社会中存在着乡村向城市迁移的"推动"因素("push" factors),如农村家庭、社区和村庄的瓦解;德国工业的迅速发展对工业劳动力的需求,则成为迁移的"拉力"因素("pull" factors)②。20 世纪 50 年代末,D. J. Bague 系

---

①　RAVENSTEIN E G. The Laws of Migration[J]. Journal of Royal Statistical Society,1885, 48(1): 167-227.

②　HEBERLE R. The Causes of Rural-Urban Migration: a Survey of German Theories[J]. American Journal of Sociology, 1938, 43(6):932-950.

统化阐释了该理论,认为人口迁移是系列力量共同作用的结果,这些力量既包含促使人口离开原住地的"推力",如迁出地自然灾害、资源减少、社区缺乏发展机会、设施匮乏、成本上升等不利条件对人口迁移的推动作用,也有吸引其进入迁入地的"拉力",如迁入地更优质的就业机会、更有利于个人发展的环境、更高的收入、更舒适的生活等对人口迁移产生的拉力[①]。Everett. S. Lee 在前人研究的基础上,对推拉理论进行了更深入的研究,认为人口迁移主要受到四个因素的影响:一是迁出地因素,二是迁入地因素,三是迁移障碍因素,四是迁移者个人因素[②]。性格、年龄、学历、心态、对迁入和迁出地的熟悉程度以及迁移距离和费用等因素制约着个体对推拉力量的判断,影响其迁移决定。在此基础上,Everett. S. Lee 提出了人口迁移的系列命题。例如,迁入地和迁出地两地之间差异越大,人口迁移数量越多;人口同质性越高,人口迁移率越低;经济情况越好,人口迁移量越大。若无强制性条件,随着时间推移,地区差异、人际差异越大,迁移障碍越少,人口迁移数量越多[③]。

第三,二元经济结构理论。20 世纪 50 年代,W. A. Lewis 将发展中国家的经济结构分为现代和传统两个部门,首次完整提出两部门经济发展模型,奠定了二元经济结构理论的基础。该理论认为,传统部门以家庭经营的农业部门为主,现代部门以生产率较高的工业部门为主,工业部门的人员需求旺盛和农业部门的人口过剩导致了人口从农业部门向工业部门流动,工业部门为此只需支付廉价的劳动力工资[④][⑤]。由于传统部门、现代部门分处农村和城市,所以劳动力由传统部门向现代部门转移也就是人口乡城迁移。当传统农业部门没有剩余劳动力,发展中国家的二元经济结构便宣告结束。此后,John C. H. Fei 和 Gustav Ranis 对 W. A. Lewis 的二元经济结构理论进行了完善,提出了"刘易斯-拉尼斯-费景汉"模型,认为 W. A. Lewis 二元经济结构理论把农业部门的经济贡献仅描述为替工业部门提供廉价劳动力是狭隘之见,指出农业、工业部门之间就业转换的顺利成功很大程度上取决于农业劳动生产率的提升[⑥]。D. W. Jorgenson 有类似看法,认为农业生产率提高造成的农业劳动力剩余,是农业部门向工业部门就业转换的前提条件[⑦]。

不过,John C. H. Fei 和 Gustav Ranis 的模型和 W. A. Lewis 的模型一样难以解释为什么城市在自身有很多失业人口的同时,依然能吸纳大量农业转移人口。针

① 刘继为,崔松虎.推拉理论及理性人视角下的民工荒现象解析[J].经济视角(下旬刊),2011(2):78-80.

② LEE E S. A Theory of Migration[J]. Demography, 1966, 3(1):47-57.

③ 同②.

④ LEWIS W A. Economic Development with Unlimited Supplies of Labour[J]. The Manchester School, 1954, 22(2):139-191.

⑤ LEWIS W A. Unlimited Labour: Further Notes[J]. The Manchester School, 1958, 26(1):1-32.

⑥ SEN A K, FEI J, RANIS G. Development of the Labour Surplus Economy: Theory and Policy[J]. The Economic Journal, 1967, 77(306):346.

⑦ JORGENSON D W. Surplus Agricultural Labour and the Development of a Dual Economy[J]. Oxford Economic Papers, 1967, 19(3):288-312.

对这些不足,Michael P. Todaro 提出了三部门二元经济模型,认为农村劳动力进城后,大多聚集在劳动密集型和使用简单技术、小规模生产的生产和服务部门[1],等到积累了一定技能和经验后,才到现代工业部门工作。由于农村劳动力做出迁移决策的主要因素是预期收入最大化[2]、发展前景、成本效益等,只要在城市就业的预期收入高于在农村就业,农村人口就会持续向城市迁移,由是才会使城市在自身存在较多失业人口的同时,依然能吸纳农村剩余劳动力。

第四,二元劳动力市场理论。20 世纪六七十年代,P. B. Doeringer 和 M. J. Piore 提出了二元劳动力市场分割理论。他们认为,劳动力市场不是完全竞争和统一的,而是被分割为一级劳动力市场(primary labor market)和二级劳动力市场(secondary labor market),前者有高工资、高福利、工作稳定性强、工作环境良好等特征,后者则有低工资、低福利、工作稳定性差、工作环境相对恶劣等特征。本地城市居民多在一级劳动力市场工作,空出来的二级劳动力市场由来自欠发达国家的移民或边缘地区的移民填补,由此导致人口的跨境流动和境内远距离人口迁移[3]。20 世纪 80 年代以来,William T. Dickens 和 Kevin Lang 等经济学家运用新的理论和实证方法对二元劳动力市场进行研究,认为劳动力市场确实有两级市场之分;二级劳动力市场上工资一般低于一级劳动力市场,但工资多较固定;受教育程度和工作经历对二级劳动力市场的收入水平无影响;劳动力普遍具有在一级劳动力市场工作的愿望;劳动力市场常有收入分化、性别和种族歧视等现象[4]。

第五,新经济迁移理论。该理论是在新古典主义经济理论的基础上发展而来的,又称新劳动力迁移经济学,其代表人物有 Oded Stark 和 David E. Bloom,以及 Edward Taylor 等。该理论将家庭作为影响人口迁移的核心分析单位,认为迁移是家庭层面的制度安排和配置家庭生产力资源的决策[5]。劳动者与周围参照群体相比而生的相对失落感会影响其迁移行为,由失落感相对较高的地方迁至失落感相对较低的地方会是他们通常的选择,哪怕失落感较低的地方的劳动所得比在失落感较高的地方还要低。家庭因素在劳动者迁移决策中的影响不容忽视。为减免迁移可能带来的风险,很多家庭都不是一次性举家从乡村迁至城市,而是让一部分家庭成员先迁入城市,试试"水温";另一部分家庭成员暂且留守乡村,二者相互支持,形成收益共享、风险共担机制,留守的家庭成员在分享率先迁移者回报的收益的同时,也为率先

① 在托达罗看来,在城市传统部门就业的劳动者主要包括失业者、就业不足者、兼职者、零售业和服务业的中低收入者。

② 预期收入为工资收入与迁移者在城市获得工作概率的乘积。

③ DOERINGER P B, PIORE M J. Internal Labor Markets and Manpower Analysis[M]. New York: M. E. Sharpe, 1985:41-63.

④ DICKENS W T, LANG K. A Test of Dual Labor Market Theory[J]. American Economic Review, 1985, 75(4):792-805.

⑤ STARK O, BLOOM D E. The New Economics of Labor Migration[J]. American Economic Review, 1985, 75(2):173-178.

迁移的家庭成员留有"一旦在城市探索失败,还可退守乡村"的后路,以便把迁移风险降到最低[1]。这种家庭成员之间的迁移风险共担机制本质上是城市化进程中农村人口面对无法把握的迁移命运而采取的生存策略[2]。

第六,人口迁移的驱动因素研究。①经济因素。Shrinidhi Ambinakudige 等[3]、Tony Champion 等[4]指出,经济因素是人口迁移最主要的原因。Bricker Jesse 等的研究发现,经济危机造成的家庭资产负债会驱使这些家庭搬家,因为这些家庭更容易遭受诸如失业之类的负面冲击[5]。但 Hein de Haas 等指出美国经济危机是人口迁移频率下降的最主要原因[6]。Nathan J. Ashby[7]、Kennan John 等[8]指出,美国州与州之间经济自由度较高、低税收和就业前景良好是吸引人口流入的主要因素。Roland Verwiebe 等[9]、Alexandra David 等[10]的研究发现,对技能型的移民群体而言,良好的工作机会、较高的工资和更好的工作条件等经济因素是影响迁移的最主要原因。不过,Jenny Olofsson 指出,移民的影响因素在性别上存在较明显的差异,女性倾向于家庭等社会因素,男性倾向于就业等经济因素[11]。②社会因素。Emma Lundholm 等对北欧国家之间居民迁移的研究发现,只有 1/5 的移民将就业作为主要动机,而青年人的社会交往、老年人的家庭团圆渴望和对城市生活的向往等社会因素则是迁移的

①　STARK O, BLOOM D E. The New Economics of Labor Migration[J]. American Economic Review, 1985, 75(2):173-178.

②　朱宇. 国外对非永久性迁移的研究及其对我国流动人口问题的启示[J]. 人口研究, 2004(3):52-59.

③　AMBINAKUDIGE S, PARISI D. A Spatiotemporal Analysis of Inter-County Migration Patterns in the United States[J]. Applied Spatial Analysis and Policy, 2017, 10(1):121-137.

④　CHAMPION T, COOMBES M, GORDON I. How Far Do England's Second-Order Cities Emulate London as Human-Capital "Escalators"? [J]. Population, Space and Place, 2014, 20(5):421-433.

⑤　BRICKER J, BUCKS B. Negative Home Equity, Economic Insecurity, and Household Mobility over the Great Recession[J]. Journal of Urban Economics, 2016, 91(1):1-12.

⑥　HAAS H, CZAIKA M, FLAHAUX M L, et al. International Migration: Trends, Determinants and Policy Effects[J]. Population and Development Review, 2019, 45(4): 885-922.

⑦　ASHBY N J. Economic Freedom and Migration Flows Between U. S. States[J]. Southern Economic Journal, 2007, 73(3):677-697.

⑧　JOHN K, JAMES R W. The Effect of Expected Income on Individual Migration Decisions [J]. Econometrica, 2011, 79(1):211-251.

⑨　VERWIEBE R, MAU S, SEIDEL N, et al. Skilled German Migrants and Their Motives for Migration Within Europe[J]. Journal of International Migration and Integration, 2010, 11(3):273-293.

⑩　DAVID A, BARWIŃSKA-MALAJOWICZ A. Opting for Migration: Is It Just an Economic Necessity? —A Comparison Between German and Polish Highly Skilled Graduates[J]. Journal of Education and Training Studies, 2015, 3(2):114-125.

⑪　OLOFSSON J. East-Central European Igrants in Sweden: Migration Motives and Migration Outcome [J]. Przestrzeń Społeczna, 2011, 2(2):16677-16684.

根本原因①。Diaz-Serrano 等的研究发现,有 12 个欧盟国家的居民内部迁移主要是受住房满意度的影响,且恋爱和婚姻因素也会触发人口内部流动②。Philip S-Morrison 等指出,对大多数内部移民来说,迁移的主要原因并非就业,而是社会关系调整的需要③。Lucia Kureková 指出,社会福利制度在影响移民方面发挥了重要作用,一国福利制度在降低老年移民风险状况和增强青年移民就业支持上的效果越明显,越能吸引外国移民进入该国④。

第七,人口迁移特征研究。Molloy 等指出美国内部人口迁移率在近些年呈下降趋势,但其在西方国家中依然是高流动性国家⑤。William H. Frey 的研究表明,美国内部人口迁移主要是内陆欠发达地区人口向纽约等东部发达大都市区域流动⑥。Alasdair Rae 对英国的研究结果显示,人口最主要是从农村向城市尤其是中心城市流动⑦。但 A. G. Champion 等⑧、Clare J. A. Mitchell⑨、Eli Feinerman 等⑩、Peter Mieszkowski 等⑪、Sonya Salamon⑫ 研究发现,高度城市化带来的城市环境污染、居住拥挤和对舒适环境的追求等原因,导致了逆城市化现象,诱发了人口"城—乡"和"城—郊"流向。

第八,人口迁移的影响研究。Chenoa Flippen 研究发现,美国移民内部区域之间

① LUNDHOLM E, GARVILL J, MALMBERG G, et al. Forced or Free Movers? The Motives, Voluntariness and Selectivity of Interregional Migration in the Nordic Countries[J]. Population Space and Place, 2004, 10(1):59-72.

② DIAZ-SERRANO L, STOYANOVA A P. Mobility and Housing Satisfaction: an Empirical Analysis for 12 EU Countries[J]. Journal of Economic Geography, 2010, 10(5):661-683.

③ MORRISON P S, CLARK W A V. Internal Migration and Employment: Macro Flows and Micro Motives[J]. Environment and Planning A: Economy and Space, 2011, 43(8):1948-1964.

④ KUREKOVÁ L. Welfare Systems as Emigration Factor: Evidence from the New Accession States[J]. Journal of Common Market Studies, 2013, 51(4):721-739.

⑤ MOLLOY R, SMITH C L, WOZNIAK A. Internal Migration in the United States[J]. Journal of Economic Perspectives, 2011, 25(3), 173-196.

⑥ FREY W H. Immigration and Internal Migration "Flight" from US Metropolitan Areas: Toward a New Demographic Balkanisation[J]. Urban Studies, 1995, 32(4/5):733-757.

⑦ RAE A. English Urban Policy and the Return to the City: A Decade of Growth, 2001-2011[J]. Cities, 2013, 32:94-101.

⑧ MATTHIESSEN C W, CHAMPION A G. Counterurbanization: The Changing Pace and Nature of Population Deconcentration[J]. Geografiska Annaler. Series B, Human Geography, 1991, 73(3):210-211.

⑨ MITCHELL C J A. Making Sense of Counterurbanization[J]. Journal of Rural Studies, 2004, 20(1):15-34.

⑩ FEINERMAN E, FINKELSHTAIN I, TCHETCHIK A, et al. Impact of Counter-Urbanization on Size, Population Mix, and Welfare of an Agricultural Region[J]. American Journal of Agricultural Economics, 2011, 93(4):1032-1047.

⑪ MIESZKOWSKI P, MILLS E S. The Causes of Metropolitan Suburbanization[J]. Journal of Economic Perspectives, 1993, 7(3):135-147.

⑫ SALAMON S. Newcomers to Old Towns: Suburbanization of the Heartland[M]. Chicago: University of Chicago Press, 2007:177-179.

的由北朝南迁移能促进白人和黑人的职业发展,且迁移对黑人种族的效益提升更明显[1]。René Böheim 等指出,工作原因导致的迁移能促进工资增长,且幅度明显高于非移民人口[2]。Malgorzata Switek 的研究结果也显示,工作原因导致的迁徙在短期内对生活满意度的提升具有显著的积极影响[3]。

2.1.2 有关人口管理制度的研究

人口管理是国家的基本职能,对掌握人口信息和稳定社会秩序有重要作用,不同国家对人口管理有各自的定义和制度。

第一,美国人口管理制度研究。美国没有户籍制度,社会保障号(Social Security Number,简称 SSN)是人口管理的基本工具。Carolyn Puckett 对社会保障号的历史和发展过程进行了详细研究,指出创建社会保障号的初始目的只是追踪美国工人收入的历史记录,用于确定社会保障待遇和福利水平计算,只要工人申请就可获得卡片。20 世纪 70 年代后办理 SSN 需要提供身份证明。发展到 21 世纪初时,除卡片上载有的一串社会保障号码、本人姓名、身份、种族、出生日期、出生地和父母姓名等基本信息外,SSN 系统中还包含美国联邦社会保障局记录的公民个人的社会保障和财务状况等其他信息[4]。Paul-Anthelme Adèle[5] 和 Kenneth Donaldso Meiser[6] 的研究显示,SSN 已被各类政府部门和企业日益广泛地当作查询和验证个人基本信息的工具,成为美国版个人身份证。此外,驾照和信用卡也能在一定程度上发挥身份证明的功能。美国是"轮子上的国家",地广人稀的基本国情使汽车在美国人的生命历程中扮演着"腿"的角色。因此,美国人多将驾照随身携带,既可以用它来验证自己的合法驾驶员身份,也能用它在某些场合证明自己的身份。除驾照外,信用卡在某些场合同样能够帮助美国人验证身份,其内载的磁条存储了使用者的个人基本信息,只需借助识别工具即可验明正身。

第二,日本户籍制度研究。Karl Jakob Krogness 的研究表明,日本户籍制度历

① FLIPPEN C. U. S. Internal Migration and Occupational Attainment: Assessing Absolute and Relative Outcomes by Region and Race[J]. Population Research and Policy Review, 2014, 33(1):31-61.

② BÖHEIM R, TAYLOR M P. From the Dark End of the Street to the Bright Side of the Road? The Wage Returns to Migration in Britain[J]. Labour Economics, 2007, 14(1):99-117.

③ SWITEK M. Internal Migration and Life Satisfaction: Well-Being Paths of Young Adult Migrants[J]. Social Indicators Research, 2016, 125(1):191-241.

④ PUCKETT C. The Story of the Social Security Number[J]. Social Security Bulletin, 2009, 69(2):55-74.

⑤ ADÈLE P A. The Social Security Number: A Small Device Underpinning Big Systems [J]. International Social Security Review, 2017, 70(1):3-17.

⑥ MEISER K D. Opening Pandora's Box: the Social Security Number from 1937-2018[D]. Austin: The University of Texas at Austin, 2018:19-25.

史悠久,最早可追溯至公元645年的户籍登记制度。当时的户籍制度主要是为了加强中央政府的统治,以普通民众登记为主,贵族精英阶层单独登记在各自的家谱系统中。17世纪德川幕府统治时期开始建立综合性户籍制度,并逐渐与人口普查功能相结合,登记对象90%左右是农民、工匠和商人,武士和贵族则不在登记范围,针对他们有单独的登记系统。19世纪后半期,明治天皇时代开始建立全国性个人民事登记制度,于1871年颁布《户籍法》,随后开始全国范围的家庭普查,1949年日本国会颁布了新《户籍法》和《户籍法施行规则》,标志着现代性日本户籍制度的建立[1]。日本户籍制度的特征是将个人置于家庭和家庭关系中,户籍以家庭为编制单位,记录了家庭成员的数量、彼此关系、居住地和出生日期等基本信息[2]。

第三,欧洲国家人口管理制度研究。Muriel Nissel的研究表明,英国家庭人口信息由创立于1837年的登记总局(General Register Office,简称GRO)负责登记,英格兰(England)、威尔士(Wales)、苏格兰(Scotland)和北爱尔兰(Northern Ireland)都设有各自的登记总局和地方登记处,登记总局记载了英国居民的名字、出生日期、出生地、婚姻状况等基本个人信息,也记载了居民家庭历史和家谱等家庭信息,居民有需要时可申请查询和复印使用[3]。Susanne Bauer[4]以及C. B. Pedersen[5]的研究表明,丹麦人口登记工作由中央人口登记局(Central Population Registry,简称CPR)和地方市政府负责。1924年,丹麦颁布了关于人口集中登记的法律。为了实现"公民个人和公共机构之间的关系革命",丹麦在1968年为每个居民编制了独一无二的"永久登记号(permanent-registration numbers)"。个人永久登记号(personal registration number)由十位数字组成,前六位数字表示居民个人出生日期,后四位中最后一位表示居民性别。居民需到民事登记系统对个人的姓名、地址、婚姻状况、出生地等基本信息进行登记才能获得个人身份号。随着信息技术的应用,丹麦居民个人身份号(CPR number)的功能已经从最初的人口信息登记扩展到企业获取个人信

———————————

① KROGNESS K J. What Do You Think the Household Register Is? Perceptions of Koseki Relating to Social Order and Individual Rights in 1950s and 2000s Japan[M]//Identification and Registration Practices in Transnational Perspective. London:Palgrave Macmillan, 2013:244-246.

② CHAPMAN D, KARL J K. Japan's Household Registration System and Citizenship:Koseki, Identification and Documentation[M]. London:Routledge Press, 2014:1-4.

③ NISSEL M. The History of the General Register Office in England and Wales[J]. Biology and Society: the Journal of the Eugenics Society, 1987, 4(3):131-142.

④ BAUER S. From Administrative Infrastructure to Biomedical Resource:Danish Population Registries, the "Scandinavian Laboratory," and the "Epidemiologist's Dream"[J]. Science in Context, 2014, 27(2):187-213.

⑤ PEDERSEN C B. The Danish Civil Registration System. [J]. Danish Medical Bulletin, 2006, 53(4):441-449.

息、居民获取公共服务和医疗信息分析等多个领域。Ian Watson[1] 和 Gunnar Thorvaldsen[2] 等对冰岛和挪威等北欧国家居民身份信息登记制度进行了研究,发现北欧国家的居民信息管理制度大致相似,都建立了相应的人口登记系统,采用了记载有个人信息的证件作为管理工具,证件的功能范围覆盖较广。

第四,境外移民管理制度研究。海外学者纷纷认为境外移民对境内经济和社会发展有重要影响,需加强管理。Giovanni Peri[3]、Jennifer Hunt 等[4]、Ceren Ozgen 等[5]、Mehmet Huseyin Bilgin 等[6]、Beata Smarzynska Javorcik 等[7]、Pierre-Louis Vézina[8]、Sabrina Volant 等[9]认为,国外移民对科技创新、贸易、劳动力生产率和生育率具有积极作用。Patrick Grady[10]、Alexander Hijzen 等[11]、Suphanit Piyapromdee[12]指出,国外移民涌入会造成国内工资增长的疲软和移民劳动力群体对本国劳动力群体的挤出效应,对具有场所依赖性和低流动性的国内低技能工人有负面影响,会导致本国高技能工人的福利损失。Stephen Nickell 等发现国外移民对本国高技能雇员的工资收入影响较小,但对半技能和非技能服务行业的雇员工资水平有明显的消极影响[13]。

① WATSON I. A Short History of National Identification Numbering in Iceland[J]. Bifröst Journal of Social Science. 2010(4):51-89.

② THORVALDSEN G. Using NAPP Census Data to Construct the Historical Population Register for Norway[J]. Historical Methods: A Journal of Quantitative and Interdisciplinary History, 2011, 44(1):37-47.

③ PERI G. The Effect of Immigration on Productivity: Evidence from U. S. States[J]. Review of Economics and Statistics, 2012, 94(1):348-358.

④ HUNT J, GAUTHIER-LOISELLE M. How Much Does Immigration Boost Innovation?[J]. American Economic Journal: Macroeconomics, 2010, 2(2):31-56.

⑤ OZGEN C, NIJKAMP P, POOT J. Immigration and Innovation in European Regions[J]. Social Science Electronic Publishing. 2012, (39): 261-298.

⑥ BILGIN M H, GÖZGÖR G, RANGAZAS P. Immigration, Innovation, and Economic Growth[J]. The Singapore Economic Review, 2021, 66(3):685-699.

⑦ JAVORCIK B S, OZDEN Ç, SPATAREANU M, et al. Migrant Networks and Foreign Direct Investment[J]. Journal of Development Economics, 2011, 94(2):231-241.

⑧ VÉZINA P L. How Migrant Networks Facilitate Trade: Evidence from Swiss Exports[J]. Swiss Journal of Economics and Statistics, 2012, 148(3):449-476.

⑨ VOLANT S, GILLES P, FRANÇOIS H. French Fertility Is the Highest in Europe. Because of Its Immigrants?[J]. Population & Sociétés, 2019,10(568):1-4.

⑩ GRADY P. Immigration and the Growing Canada-U. S. Productivity Gap[R]. MPRA Paper, 2010.

⑪ HIJZEN A, WRIGHT P W. Migration, Trade and Wages[J]. Journal of Population Economics, 2010, 23(4):1189-1211.

⑫ PIYAPROMDEE S. The Impact of Immigration on Wages, Internal Migration and Welfare[R]. PIER Discussion Papers, 2017.

⑬ NICKELL S, SALEHEEN J. The Impact of Immigration on Occupational Wages: Evidence from Britain[R]. SERC Discussion Papers, 2009, 31(6).

　　在移民管理政策上，Sarah Bohn 等[①]、Manuela Angelucci[②] 的研究表明，美国移民政策具有明显的控制性特征，对高技术人才限制较少，而对墨西哥等地区的边境移民则施以非常严格的限制性移民政策，通过边境隔离墙和边境执法管控墨西哥移民进入美国。Saskia Bonjour 等研究荷兰移民政策的政治议程变迁后指出，荷兰移民政策从最初的不加限制转向限制"融合前景不佳"的非西方移民进入荷兰[③]。Peter Stalker 指出，其他欧盟国家的移民政策从 20 世纪 70 年代开始转变为以限制性政策为主[④]。

　　积分管理制度便是该类政策的具体表现之一。Green 等[⑤]在研究加拿大移民管理政策变迁过程中发现，积分制是 1967 年加拿大政府移民政策改革中的一项制度创新，主要特征在于根据年龄、受教育程度、技能水平和职业类别对国外移民的个人素质进行评估打分，受教育程度和技能水平是该项制度考察的重点。Ruth Ellen Wasem 等[⑥]比较了加拿大、英国、澳大利亚和新西兰的移民管理积分制系统，发现移民的年龄、学历、职业和健康状况等内容是四国积分系统中的基础要件，但在具体指标设计、赋分以及积分标准线设置上，各国存在一定的差异。英国积分体系将移民的技能划分为五个等级并相应赋分，澳大利亚的积分合格线在 110～120 分，且积分类别体系最为多样。Regine Paul[⑦]指出，欧美国家有专门服务于境外移民劳动力选择的制度体系，美国、加拿大和英国通常采用积分管理制度（Points-based Migration Systems），根据移民的资格、收入潜力或语言能力来选择移民工人；法国、德国、丹麦、西班牙和英国等国通过居民劳动力市场测试，按照制定的短缺清单将候选工人招募到特定的工人短缺职位。此外，德国、爱尔兰和法国等国还通过"IT 工人绿卡"和高技能许可证等方式，选拔具有特定技能的移民工人。Ayako Komine[⑧]指出，日本在 2012 年 5 月首次实施针对高技能移民的积分准入制度（Points-based Admission

　　① BOHN S, PUGATCH T. Border Enforcement and Mexican Immigrant Location Choice [J]. Demography, 2015, 52(5)：1543-1570.

　　② ANGELUCCI M. US Border Enforcement and the Net Flow of Mexican Illegal Migration [J]. Economic Development and Cultural Change, 2012, 60(2)：311-357.

　　③ BONJOUR S, DUYVENDAK J W. The "Migrant with Poor Prospects"：Racialized Intersections of Class and Culture in Dutch Civic Integration Debates[J]. Ethnic and Racial Studies, 2018,41(5)：882-900.

　　④ STALKER P. Migration Trends and Migration Policy in Europe[J]. International Migration, 2002, 40 (5)：151-179.

　　⑤ GREEN A G, GREEN D A. Canadian Immigration Policy：The Effectiveness of the Point System and Other Instruments[J]. Canadian Journal of Economics, 1995, 28(4b)：1006-1041.

　　⑥ WASEM R E, HADDAL C. Point Systems for Immigrant Selection：Options and Issues[R]. 2007,6：1-31.

　　⑦ PAUL R. The Political Economy of Border-drawing：Arranging Legality in European Labor Migration Policies[M]. New York：Berghahn Books, 2015.

　　⑧ KOMINE A. When Migrants Became Denizens：Understanding Japan as a Reactive Immigration Country[J]. Contemporary Japan, 2014, 26(2)：197-222.

System），根据申请人的受教育状况、工作经验、收入情况、年龄及其他因素（如日语能力等），对其进行积分评估。该套制度仅适用于研究、技术、投资和企业管理等领域的移民选拔，得分达到 70 分及以上的申请者即有资格参加，入选者可获得从事多种有偿活动的许可、配偶从事全职工作的许可和父母、配偶父母以及家庭佣人的移民资助，而且在获得系统准入 5 年后可申请成为日本永久居民。

部分学者对积分制管理的影响进行了研究。Deborah A. Cobb-Clark[1] 发现，澳大利亚通过积分制接纳的移民相比经家庭团聚和人道主义等途径接收的移民能够更快地确定工作岗位。Charles M. Beach 等[2]指出，加拿大的积分制系统对优化从业人员结构具有积极作用，使职业构成特征由低技能类别（如劳工和运输工人）转变为以专业人员为主，成为该国移民管理的重要工具之一。但 Abdurrahman Aydemir [3]指出，因技能被接纳的移民在劳动力市场上不一定能有更优表现。Matthieu Chemin 等[4]的研究发现，通过积分制接收的移民的教育回报并不明显，即使对学历和语言的要求提高，也未能转变为更好的劳动力市场成果。Stuart Tannock[5] 认为，加拿大的积分制过于注重技能水平，造成了选择性歧视，违背了公共教育的核心原则。

2.2　国内相关研究

长期以来，户籍制度改革一直是我国学界的难点和热点问题。居住证积分落户作为我国户籍制度改革和流动人口服务管理的新举措，在实施过程中既产生了显著成效，也存在不少亟待解决的难题，向来为理论和实践界所关注，产生了丰富的学术成果。

2.2.1　有关户籍制度内涵、功能及问题的研究

居住证、积分落户是我国户籍制度改革的产物，厘清我国户籍制度改革研究现状

① COBB-CLARK D A. Do Selection Criteria Make a Difference? Visa Category and the Labour Market Status of Immigrants to Australia[J]. Economic Record，2000，76(232)：15-31.

② BEACH C M, WORSWICK C, GREEN A G. Impacts of the Point System and Immigration Policy Levers on Skill Characteristics of Canadian Immigrants[J]. Research in Labor Economics，2007，27(1)：349-401.

③ AYDEMIR A. Immigrant Selection and Short-term Labor Market Outcomes by Visa Category[J]. Journal of Population Economics，2011，24(2)：451-475.

④ CHEMIN M, SAYOUR N. The Effects of a Change in the Point System on Immigration：Evidence from the 2001 Quebec Reform[J]. Journal of Population Economics，2016，29(4)：1217-1247.

⑤ TANNOCK S. Points of Prejudice：Education-based Discrimination in Canada's Immigration System [J]. Antipode，2011，43(4)：1330-1356.

是分析居住证积分落户政策的基础之一。

第一，户籍制度的内涵研究。学界对其狭义及广义内涵做了丰富研究。宫希魁[1]、王太元[2]、孙尧[3]、《户籍研究》课题组[4]、胡星斗[5]指出，狭义户籍制度指的是户籍本身——登记居民户口的册籍，或指中央、地方政权对辖区内人口进行申报、登记、立户，以便统计人口、征调赋役、控制人员流动、进行社会管理的家庭档案系统。陆益龙[6]、江业文[7]认为，广义户籍制度是指通过各级权力机构对其所辖范围内户口进行调查、登记、申报，按一定的原则进行立户、分类、划等和编制，以此作为掌握人口信息、征调税役、分配资源和维护秩序的基础，它是一项涉及政治、经济、军事、文化教育和法律的综合性社会制度。王阳指出，户籍制度是国家有关机关依法对公民的基本情况进行收集、确认和登记的行政管理制度，包括人口登记、管理制度[8]。

第二，户籍制度的功能研究。主要观点：①认为户籍有基本的人口登记功能。无论是王志信[9]、张庆五[10]、赵维平[11]等学者的早期研究，还是张莹[12]、怯帅卫等[13]、王跃生[14]等学者的后续研究，都认为户口承担着人口登记的重要作用。②认为户籍有资源分配功能。苏志霞[15]、余佳等[16]、张国胜等[17]、张献[18]指出，户籍制度使户口成为城乡福利分配的工具，赋予其除人口信息登记之外的资源分配功能。辛宝海[19]、郭建华[20]、

① 宫希魁.中国现行户籍制度透视[J].社会科学,1989(2):32-36.
② 王太元.户口管理定义初探[J].公安大学学报,1989(3):10-13.
③ 孙尧.关于户、户籍和户口雏议[J].公安论坛,1989(2):22-23.
④ 《户籍研究》课题组.现行户籍管理制度与经济体制改革[J].上海社会科学院学术季刊,1989(3):81-91.
⑤ 胡星斗.中国户籍制度的命运:完善抑或废除[J].学术研究,2009(10):65-70.
⑥ 陆益龙.超越户口:解读中国户籍制度[M].北京:中国社会科学出版社,2004:16.
⑦ 江业文.新中国户籍制度的历史形成及历史地位探析[J].广西社会科学,2004(1):130-133.
⑧ 王阳.城镇化背景下户籍制度变革的历史演绎与未来建言[J].上海城市管理,2012(2):41-45.
⑨ 王志信.整顿户口、人口普查试点和正式普查三者间的关系[J].人口与经济,1982(3):24-25.
⑩ 张庆五.试论我国人口年报的统计质量——兼述我国的户口登记制度与人口统计的关系[J].人口与经济,1984(2):17-22.
⑪ 赵维平.应重视户籍管理部门的人口统计工作[J].人口研究,1985(6):54.
⑫ 张莹.我国户籍制度的功能及其变迁研究[D].北京:中央民族大学,2010:10-13.
⑬ 怯帅卫,王胜利.中国户籍制度改革的取向与步骤——基于户籍功能的分析[J].福建警察学院学报,2012(3):49-57.
⑭ 王跃生.户籍功能的历史与现代考察——以政策为视角[J].中国社会科学院研究生院学报,2015(3):109-114.
⑮ 苏志霞.中国户籍制度城乡福利分配职能辨析[J].经济问题探索,2006(3):16-21.
⑯ 余佳,丁金宏.中国户籍制度:基本价值、异化功能与改革取向[J].人口与发展,2008(5):23-32.
⑰ 张国胜,陈瑛.我国户籍制度改革的利益分配与重组研究——新时期全面深化改革的政治经济学思考[J].中南财经政法大学学报,2015(4):3-11.
⑱ 张献."阶梯式"户籍制度改革模式探析——从城市公共资源配置的角度[J].邵阳学院学报(社会科学版),2011(6):23-27.
⑲ 辛宝海.户籍制度利益分配功能的形成及改革思路探讨[J].齐鲁学刊,2008(1):84-88.
⑳ 郭建华.我国户籍制度功能的异化与改革路径[J].边疆经济与文化,2007(10):63-64.

肖海英[1]认为,户籍制度上的社会利益分配机制实为异化功能,且随社会发展而不断增强。褚宏启[2]、原鹏飞等[3]、张莹[4]分别对户籍制度在教育资源、住房财富、福利分配等方面的分配功能进行了研究。③认为户籍有社会控制功能。在社会秩序控制上,李强认为,户籍制度赖以建立的前提是旧有阶级体系和所有权体制的打破,户籍制度成为维持社会秩序的基本制度之一[5]。李玉荣等指出,户籍制度的建立逻辑正是为控制城乡人口流动,确保新中国成立初期国家工业化战略的顺利进行[6]。陈启春[7]、李永松[8]认为,新中国成立初期出于维护社会稳定和减少犯罪需要,户籍制度的社会控制功能作用显著。此外,吴华安[9]、陆益龙[10]、刘茜雯[11]也对户籍制度控制城乡人口流动的作用进行了探讨。

第三,户籍制度存在的问题研究。主要观点:①认为户籍是城乡二元分割的制度屏障。早在20世纪90年代,随着我国市场经济的发展,冷静[12]、肖冬连[13]、宋蓓[14]等众多学者都认为1958年《中华人民共和国户口登记条例》的颁布标志着城乡二元分割制度的正式形成。田鸣[15]、潘义勇[16]、陆益龙[17]、刘铮[18]认为,正是户籍制度带来的制度屏障塑造了城乡封闭格局,成为制约城乡社会经济发展的桎梏。②认为户籍造成公共服务分配不公。蔡宏波等发现,农村户籍人口获得优质教育的成本比城市户籍人

① 肖海英.论我国户籍制度功能的异化及其回归[J].浙江社会科学,2004(3):121-124.
② 褚宏启.城镇化进程中的户籍制度改革与教育机会均等——如何深化异地中考和异地高考改革[J].清华大学教育研究,2015(6):9-16.
③ 原鹏飞,王磊.我国城镇居民住房财富分配不平等及贡献率分解研究[J].统计研究,2013(12):69-76.
④ 张莹.我国户籍制度的功能及其变迁研究[D].北京:中央民族大学,2010:10-13.
⑤ 李强.农民工与中国社会分层[M].北京:社会科学文献出版社,2004:38.
⑥ 李玉荣,王海光.一九五八年《户口登记条例》出台的制度背景探析[J].中共党史研究,2010(9):45-54.
⑦ 陈启春.我国户籍制度的历史作用及其开放条件研究[J].太原师范学院学报(社会科学版),2006(4):64-66.
⑧ 李永松.新中国社会控制思想的发展与控制模式的变迁[J].云南社会科学,2010(2):20-24.
⑨ 吴华安.劳动力及人口城乡配置的户籍控制机制研究[J].西部论坛,2014(5):13-21.
⑩ 陆益龙.户籍制度:控制与社会差别[M].北京:商务印书馆,2003:64-99.
⑪ 刘茜雯.从政治控制、社会控制、社会管理到社会治理——户籍制度演变的逻辑与改革的路向探寻[J].经济与社会发展研究,2014(9):1.
⑫ 冷静.试析新中国户籍管理制度变迁[J].江西社会科学,2003(9):164-166.
⑬ 肖冬连.中国二元社会结构形成的历史考察[J].中共党史研究,2005(1):23-33.
⑭ 宋蓓.破解城乡二元结构与深化户籍制度改革[J].中州学刊,2010(5):128-130.
⑮ 田鸣.中国户籍制度下的城乡差别与劳动就业[J].改革,1991(4):146-151.
⑯ 潘义勇.改革户籍制度 实行人口城市化和工业化[J].学术论坛,1992(5):20-26.
⑰ 陆益龙.户籍:一种对中国城市化制度性的扭曲[J].探索与争鸣,2012(12):60-64.
⑱ 刘铮.也谈"中国农民为什么长期贫困"——兼与刘吉教授商榷[J].探索与争鸣,2005(6):14-17.

口更大,所需条件更困难①。田志磊等②、杨菊华等③、邢芸等④、尹勤等⑤、赵颖等⑥、高兴民等⑦的研究表明,户籍制度造成的教育不公主要体现在获得教育机会较少、获得门槛较高、获得资源不佳等方面,且涵盖了学前教育、小学教育和初高中教育各个阶段。在医疗资源上,陶印华等发现,城市户籍人口医疗资源在空间可达性和获得程度上都显著优于城市流动人口,而城市流动人员绝大多数都为非城市户籍人员⑧。姚瑶等⑨、杨锃等⑩、周钦等⑪、祝嫦娥等⑫的研究均有类似发现。李娟等⑬、许丹纯等⑭和陈杰等⑮研究了户籍制度对养老保险、社区服务和住房保障等公共服务造成的负面影响。③认为户籍造成了就业歧视和外来人员社会融入不佳。章莉等指出,因为户籍制度的差异,农民工在职业获得和行业进入上受到明显的户籍歧视,人力资本的就业回报相比城镇户籍人口也有明显差距⑯。陈维涛等⑰、周世军等⑱、耿明斋⑲、李天

① 蔡宏波,李昕宇.户籍身份对家庭教育支出的影响研究[J].中国人口科学,2019(1):76-87.

② 田志磊,张雪,袁连生.北京市不同户籍幼儿学前教育资源差异研究[J].中国人民大学教育学刊,2011(3):165-180.

③ 杨菊华,谢永飞.流动儿童的学前教育机会:三群体比较分析[J].教育与经济,2015(3):44-51+64.

④ 邢芸,胡咏梅.流动儿童学前教育选择:家庭社会经济背景及迁移状况的影响[J].教育与经济,2015(3):52-57.

⑤ 尹勤,高祖新,缪岳平,等.江苏流动人口子女学前教育现状探析[J].人口与社会,2014,30(4):28-32+38.

⑥ 赵颖,石智雷.城镇集聚、户籍制度与教育机会[J].金融研究,2017(3):90-104.

⑦ 高兴民,高法文.我国教育收益率城乡户籍差异变化研究[J].统计与决策,2019,35(7):97-100.

⑧ 陶印华,申悦.医疗设施可达性空间差异及其影响因素——基于上海市户籍与流动人口的对比[J].地理科学进展,2018(8):1075-1085.

⑨ 姚瑶,刘斌,刘国恩,等.医疗保险、户籍制度与医疗服务利用——基于CHARLS数据的实证分析[J].保险研究,2014(6):105-116.

⑩ 杨锃,孙晓彤.基础医疗资源配置与服务利用的研究——以上海城市空间为例[J].甘肃行政学院学报,2016(5):78-90.

⑪ 周钦,刘国恩.医保受益性的户籍差异——基于本地户籍人口和流动人口的研究[J].南开经济研究,2016(1):77-94.

⑫ 祝嫦娥,宋宝香.经济水平、户籍与医疗保险——基于CGSS2015的实证数据[J].中国卫生事业管理,2019(8):587-591.

⑬ 李娟,邱宝华.不同户籍人口的社会保障差异——基于对某市养老社会保险的分析[J].经济问题探索,2010(10):111-114.

⑭ 许丹纯,俞守华,区晶莹.新市民社区生活满意度调查[J].城市问题,2014(10):96-100.

⑮ 陈杰,郝前进.快速城市化进程中的居住隔离——来自上海的实证研究[J].学术月刊,2014(5):17-28.

⑯ 章莉,李实,WILLIAM A DARITY JR,等.中国劳动力市场就业机会的户籍歧视及其变化趋势[J].财经研究,2016(1):4-16.

⑰ 陈维涛,彭小敏.户籍制度、就业机会与中国城乡居民收入差距[J].经济经纬,2012(2):100-104.

⑱ 周世军,周勤.户籍制度、非农就业"双重门槛"与城乡户籍工资不平等——基于CHNS微观数据的实证研究[J].金融研究,2012(9):101-114.

⑲ 耿明斋.人口流动、制度壁垒与新型城镇化——基于实地调查的报告[M].北京:社会科学文献出版社,2013:120.

成等①、石莹等②的研究结论与此大体相同。公共服务分配不公和就业歧视等问题则进一步导致外来人口社会融入不佳。杨风③、穆光宗等④、卢海阳等⑤指出,仅有少数流动人口能跨越户籍的制度性障碍,实现社会融合,大多数则处于社会融合的初低级阶段。王佃利等⑥、李练军⑦发现,在就业能力和受教育水平有所提升的影响下,新生代农民工的社会融入问题较老一代群体虽有所缓解,但形势依然严峻。

2.2.2 有关户籍改革阶段演化、地方实践及评价的研究

第一,户籍制度改革的阶段演化研究。户籍制度自古有之,对其历史演化的研究已汗牛充栋,梁方仲⑧、杨子慧⑨、张庆五⑩、阎德民等⑪、段玉明⑫、蓝海涛⑬、江立华⑭、宋昌斌⑮、姚秀兰⑯、肖东发等⑰、王威海⑱均对新中国成立前的户籍制度演化做了丰富、细致的梳理分析。本书的研究重点是现时户籍制度,重在梳理新中国成立后户籍制度的演化,故不再一一赘述新中国成立前户籍制度历史演化的研究成果。学界对新中国成立后户籍制度改革的阶段演化研究分为"四阶段论"和"三阶段论"。吴旋等将中国户籍制度改革历程分为 1949—1957 年的自由迁徙阶段、1958—1977 年的严格管制阶段、1978—2001 年初的半开放阶段和 2001 年至今的城乡一体化户籍建构

① 李天成,温思美.技术进步、户籍歧视与流动人口就业分化[J].华南农业大学学报(社会科学版),2018(6):64-76.
② 石莹,黄镇国.我国劳动力市场中的性别歧视和户籍歧视[J].东岳论丛,2011(10):134-138.
③ 杨风.户籍制度对农民工市民化的制约[J].兰州学刊,2011(6):129-132.
④ 穆光宗,江砸.流动人口的社会融合:含义、测量和路径[J].江淮论坛,2017(4):129-133.
⑤ 卢海阳,梁海兵,钱文荣.农民工的城市融入:现状与政策启示[J].农业经济问题,2015(7):26-36.
⑥ 王佃利,刘保军,楼苏萍.新生代农民工的城市融入——框架建构与调研分析[J].中国行政管理,2011(2):111-115.
⑦ 李练军.新生代农民工融入中小城镇的市民化能力研究——基于人力资本、社会资本与制度因素的考察[J].农业经济问题,2015(9):46-53.
⑧ 梁方仲.中国历代户口、田地、田赋统计原论[J].学术研究,1962(1):12-23.
⑨ 杨子慧.中国历代人口统计资料研究[M].北京:改革出版社,1996:3-1508.
⑩ 张庆五.我国历代户籍制度概略[J].人口与经济,1982(5):44-47.
⑪ 阎德民,李太森.我国古代户籍管理制度的历史沿革[J].安徽史学,1988(4):12-16.
⑫ 段玉明.我国户口制度的历史考察[J].云南社会科学,1990(2):54-59.
⑬ 蓝海涛.我国户籍管理制度的历史渊源及国际比较[J].人口与经济,2000(1):37-40+51.
⑭ 江立华.我国户籍制度的历史考察[J].西北人口,2002(1):10-13.
⑮ 宋昌斌.编户齐民:户籍与赋役[M].长春:长春出版社,2008:3-132.
⑯ 姚秀兰.户籍、身份与社会变迁:中国户籍法律史研究[M].北京:法律出版社,2004:17-223.
⑰ 肖东发,邢建华.古代户籍:历代区划与户籍制度[M].北京:现代出版社,2015:2-160.
⑱ 王威海.中国户籍制度:历史与政治的分析[M].上海:上海文化出版社,2006:2-257.

阶段。吴文恒等[①]、张国胜等[②]、金维刚等[③]、梅建明[④]的户籍制度改革"四阶段论"的划分逻辑与吴旋等的大致相似。"三阶段论"则以李红霞[⑤]、李世美等[⑥]、唐亚林等[⑦]、尹德挺等[⑧]、王阳[⑨]的研究为代表。李世美等将其划分为 1958—1978 年的禁止农业劳动力转移阶段、1978—2000 年逐步放宽农业人口向城市转移限制并实施暂住证阶段和 2000 年以后深化改革并实施居住证阶段。唐亚林等则将上海外来人口管理分为前居住证时代(2002 年以前)、居住证条件管理阶段(2002—2012 年)和居住证积分管理阶段(2013 年至今)三个阶段。通过梳理分析可以发现,无论是"四阶段论"还是"三阶段论",其划分几乎都是以户籍对流动人口的限制程度为主要标准的。

第二,户籍制度改革的地方实践研究。国家政策仅做了宏观层面的指导,户籍制度改革的具体实践由地方政府根据各自情况开展,由此形成了各具特色的地方改革。既有研究表明,城市规模不同,户籍制度改革措施也有所不同。一是延续"以证管人、以证控人"的思维开展改革。张真理梳理了北京市流动人口管理的改革过程,发现主线脉络为"以证管人",主要是以暂住证为载体的管理制度[⑩]。冯晓英对北京市暂住证的内容和演变的分析表明,暂住证成为 20 世纪 80 年代之后流动人口管理制度改革的最主要手段[⑪]。同时期,上海市流动人口管理条例的属性也与北京市相同[⑫]。21 世纪后的户籍制度改革以居住证的出台和全面实施为主要内容,李世美等[⑬]、傅蔚冈[⑭]的研究发现,北京、上海、广州等超大城市的户籍制度改革仍然面临诸多困境,根源在于人口调控压力下需继续通过居住证制度"管人、控人"。二是全面放开落户条件,甚至"零门槛落户"。相对于北京、上海、广州等超大城市,我国其他城市的户籍

---

① 吴文恒,李同昇,朱虹颖,等.中国渐进式人口市民化的政策实践与启示[J].人口研究,2015(3):61-73.

② 张国胜,陈明明.我国新一轮户籍制度改革的价值取向、政策评估与顶层设计[J].经济学家,2016(7):58-65.

③ 金维刚,石秀印.中国农民工政策研究[M].北京:社会科学文献出版社,2016:169.

④ 梅建明.农民工市民化制度演进[J].行政事业资产与财务,2018(7):34-36.

⑤ 李红霞.1949 后的中国户籍制度变迁研究[D].广州:华南师范大学,2003:13-16.

⑥ 李世美,沈丽.居住证制度与户籍制度改革:北京、上海、深圳的政策解读与对比[J].山东农业大学学报(社会科学版),2018(1):66-74.

⑦ 唐亚林,郭林.公共服务视角下超大城市外来人口公民权利的建构之道[J].理论探讨,2019(4):25-32.

⑧ 尹德挺,黄匡时.改革开放 30 年我国流动人口政策变迁与展望[J].新疆社会科学(汉文版),2008(5):106-110.

⑨ 王阳.城镇化背景下户籍制度变革的历史演绎与未来建言[J].上海城市管理,2012(2):41-45.

⑩ 张真理.北京市流动人口服务管理史略(1978—2008)[J].兰州学刊,2009(7):113-118.

⑪ 冯晓英.改革开放以来北京市流动人口管理制度变迁评述[J].北京社会科学,2008(5):66-71.

⑫ 上海市人民代表大会常务委员会.上海市外来流动人员管理条例[J].新法规月刊,1996(11):14-17.

⑬ 周⑥.

⑭ 傅蔚冈.反思居住证制度:以上海为例[N].经济观察报,2014-08-18(16).

制度改革呈现愈加宽松化和无门槛化的特征。李秦畅等[1]、张义学[2]、石茹等[3]、熊平平等[4]、张岩[5]对西安、成都、郑州和天津等城市的户籍制度改革进行了研究,发现落户条件全面放低甚至零门槛落户是近年来我国大多数城市户籍制度改革的主要特征之一。

第三,户籍制度改革的评价研究。一些学者分析了户籍制度改革的积极效果。例如,郭春丽等[6]、谭宗泽等[7]认为,户籍制度改革能够继续刺激我国人口红利的产生。温兴祥[8]、李静等[9]、陈艳芳[10]、刘爱华等[11]、曾润喜等[12]研究了户籍制度改革对农民工收入增长、幸福感提升和社区融入等方面的积极效应。但也有学者认为户籍制度改革存在不少问题。例如,李晓飞认为,新中国成立以来户籍制度改革将户口与资源分配剥离的目标不仅没有真正实现,反而得到加强,户籍制度改革走向"内卷化"[13],郭秀云认为,大城市户籍制度改革进度缓慢,阻力较大[14]。赖齐格[15]、杨佳[16]、朱佳[17]指出,我国户籍制度改革存在系统性欠佳、配套政策不完善和资源分配不均等问题。

第四,户籍制度改革的影响因素研究。主要观点:①认为户籍改革受到利益主体博弈的影响。陈云等认为,户籍制度改革是中央、地方和农民的三方博弈[18]。王清指出,户籍制度改革易因人口管理部门、社会服务部门和综合协调部门相互讨价还价及冲突而产生碎片化现象,阻碍改革进程[19]。任远认为,户籍制度改革困境的根源在于

① 李秦畅,张通.西安市人口新政实施情况与启示建议[J].陕西发展和改革,2018(4):16-20.
② 张义学.西安:凭什么吸引百万人口[J].西部大开发,2019(1):82-87.
③ 石茹,高鑫.有钱有房有户口:二线城市的抢人大战[J].时代邮刊,2017(21):28-29.
④ 熊平平,高顿.新人口红利,能否改变实施60年的户籍制度?[J].协商论坛,2018(6):32-36.
⑤ 张岩.今年"抢人"特别热,明年"人"在哪里呢?[J].中国报道,2018(6):54-55.
⑥ 郭春丽,易信.户籍制度改革红利释放机理及"十三五"时期趋势预测[J].经济纵横,2016(9):12-18.
⑦ 谭宗泽,黄强.户籍制度改革效应波及:例证三次人口红利[J].改革,2016(2):87-95.
⑧ 温兴祥.户籍获取、工资增长与农民工的经济同化[J].经济评论,2017(1):135-147.
⑨ 李静,李逸飞,周孝.迁移类型、户籍身份与工资收入水平[J].经济理论与经济管理,2017(11):74-86.
⑩ 陈艳芳.户籍身份转变对居民生活满意度的影响研究——基于CFPS追踪数据的PSM-DID估计[J].调研世界,2017(12):37-42.
⑪ 刘爱华,朱志胜.市民化身份转变的幸福增进效应[J].城市问题,2017(10):4-12.
⑫ 曾润喜,朱利平,夏梓怡.社区支持感对城市社区感知融入的影响——基于户籍身份的调节效应检验[J].中国行政管理,2016(12):43-49.
⑬ 李晓飞.中国户籍制度变迁"内卷化"实证研究[J].广东社会科学,2013(1):231-241.
⑭ 郭秀云.大城市户籍改革的困境及未来政策走向——以上海为例[J].人口与发展,2010(6):45-51+103.
⑮ 赖齐格.中国户籍制度改革面临的问题及对策研究[D].桂林:广西师范大学,2018:20-22.
⑯ 杨佳.城乡统筹视域下中国户籍制度改革研究[D].长春:吉林农业大学,2016:21-22.
⑰ 朱佳.新型城镇化进程中我国户籍制度改革研究[D].镇江:江苏大学,2016:19-22.
⑱ 陈云.户籍改革的制度变迁与利益博弈——"农转非"的四种地方模式评析及反思[J].人民论坛·学术前沿,2014(4):45-63.
⑲ 王清.制度变迁过程中的碎片化:以户籍制度改革为例[J].学术研究,2015(4):55-61.

中央政府与地方政府之间、流出地政府和流入地政府之间、移民人口和本地人口之间的利益博弈整体机制"失灵"[①]。付志虎[②]、郭秀云[③]、王瑜[④]、贾付强等[⑤]也持类似看法。②受到制度的路径依赖影响。曲甜[⑥]、袁媛[⑦]、刘阳阳[⑧]、赵晶[⑨]研究了户籍制度改革存在的路径依赖问题。袁媛认为,政府、农村居民和既得利益集团的行为和相互作用是户籍制度改革产生路径依赖的主要原因,主要表现为政府过往经验的锁定效应、农民心智模型的认知锁定以及既得利益集团的利益维护效应等。③城市规模和资源禀赋的影响。王美艳等指出,在户籍制度改革中,由于不同地区户籍"含金量"的区别,不同规模城市的改革动力与力度有明显差异,大城市尤其是超大、特大城市户籍制度附有更完善的社会保障和更好的公共服务与资源,"含金量"十足,在改革上呈现"筑高门槛,开大城门"特点[⑩]。唐克认为,城市户籍制度改革出现"瓶颈"的原因是其自身公共资源有限,无法满足户籍制度改革的全部需求[⑪]。

2.2.3 有关居住证的研究

2015 年 12 月,《居住证暂行条例》的颁布标志着居住证制度在全国范围开始施行,居住证的申领条件和实际情况等成为社会广泛关注的热点[⑫],国内学者对此进行了较多研究,在居住证的内涵、功能、成效、问题及对策研究等方面取得了丰硕成果。

1. 居住证的内涵研究

杨富平指出,居住证制度具有四个新内涵,即施行区域上由地方转向全国,居住证积分指标由"低覆盖"转向"高覆盖",积分条件从"高门槛"逐步转向"低门槛",发挥

① 任远.中国户籍制度改革:现实困境和机制重构[J].南京社会科学,2016(8):46-52.
② 付志虎.城乡二元户籍制度惯性与农民市民化行为选择[J].农村经济,2019(1):97-103.
③ 郭秀云."居住证"离户籍有多远? ——基于广东地区的分析兼与上海比较[J].南方人口,2010(3):28-34.
④ 王瑜.户籍制度改革的困境:理性利益主体的视角[J].贵州社会科学,2017(3):147-154.
⑤ 贾付强,王昌燕.权益分配、制度设计与城镇化进程中的户籍制度改革[J].广西社会科学,2015(7):162-166.
⑥ 曲甜.论中国户籍制度的路径依赖及其突破:历史制度主义的解读[D].北京:中国政法大学,2010:23-31.
⑦ 袁媛.我国户籍制度改革中的路径依赖研究[J].农村经济,2015(1):19-23.
⑧ 刘阳阳.新中国户籍制度改革中的路径依赖及其应对思考[D].长春:吉林大学,2016:28-33.
⑨ 赵晶.我国二元户籍改革中的路径依赖及其突破[J].黑河学刊,2019(1):76-79.
⑩ 王美艳,蔡昉.户籍制度改革的历程与展望[J].广东社会科学,2008(6):19-26.
⑪ 唐克.户籍制度改革与城市化进程研究[J].内蒙古社会科学(汉文版),2007(2):116-119.
⑫ 百度指数需求图谱显示,居住证怎么办理、有什么用以及办理流程等相关信息呈现高搜索指数特征,即这些信息是公众经常搜索的社会热点。

作用从"开口子"逐步转向"担重任"[①]。魏文彪[②]、邱海云[③]、黄春景[④]、李彬[⑤]认为,取消"暂住证"、建立"居住证"制度的一字之差,蕴含了公民权利回归和城市文明进步的重要内涵。

2. 居住证的功能研究

一是服务保障功能。孔繁荣[⑥]、马德峰[⑦]认为,居住证作为户籍制度改革的重要举措,凸显了公平特质,强化了外来人口的服务保障功能。叶继红认为,实行居住证政策具有技术、经济、政治和行政上的可行性,居住证持有者在子女就读、劳动就业、计划生育、卫生防疫、社会保险等方面享受到了一定的"市民待遇",增强了流动人口管理服务的公平性[⑧]。张献认为,从暂住证到居住证的本质变化是城市政府对流动人口管理理念和管理思维的变革,确立了流动人口作为城市一员的合法地位,改变了对流动人口的歧视态度,是将流动人口划入城市公共服务和社会保障范围的巨大进步[⑨]。杨柳[⑩]、原新利[⑪]持相同看法。熊万胜指出,新时期我国户籍制度改革注重社会管制功能到社会治理功能的转变,社会福利的分配从强化城乡差异转变为尊重区域差异下地方政府福利体系的自我建设及完善[⑫]。

二是改革过渡功能。刘志军等[⑬]、张国锋[⑭]、战俊[⑮]、陆杰华等[⑯]、张莹等[⑰]、张晓敏等[⑱]均认为,户籍制度改革无法一蹴而就,通过实行居住证政策,推进户籍制度改革、完善才是根本之道。李世美等指出,居住证政策作为渐进式改革举措,根本目的是在

①　杨富平.新内涵与新反响:流动人口居住证积分制的变迁[J].人口与社会,2017(4):43-49.
②　魏文彪.取消暂住证制度是公民权利的回归[N].中国人口报,2015-03-02(3).
③　邱海云.从暂住证到居住证看改革之风[J].人民之友,2017(8):63.
④　黄春景.从暂住证到居住证,岂止一字之别?[N].湖南日报,2014-12-09(5).
⑤　李彬.从暂住到居住:深圳人口管理变革[J].决策,2007(S1):46-47.
⑥　孔繁荣.居住证管理在我国大城市人口管理中作用的探讨[J].人口与经济,2008(1):43-46+42.
⑦　马德峰.正确认识外来流动人口居住证制度[J].人口与计划生育,2009(11):33.
⑧　叶继红.城市实行外来人口居住证制度的公共政策分析——以苏州市为例[J].人口与发展,2009(2):27-33.
⑨　张献.居住证功能分析——兼论湖南居住证的实施[J].广西政法管理干部学院学报,2012(4):17-21.
⑩　杨柳.浅析居住证制度[J].哈尔滨学院学报,2010(5):43-46.
⑪　原新利.居住证制度的民生保障功能与局限:以公民社会权为分析路径[J].河北法学,2019(2):180-189.
⑫　熊万胜.新户籍制度改革与我国户籍制度的功能转型[J].社会科学,2015(2):78-88.
⑬　刘志军,华骁,刘天剑.居住证制度的现状与前瞻[J].中南民族大学学报(人文社会科学版),2012(6):73-77.
⑭　张国锋.居住证制度是户籍制度渐进改革的过渡[J].公安研究,2012(1):31-34.
⑮　战俊.构建流动人口动态管理模式的探索[J].中国行政管理,2013(9):119-121.
⑯　陆杰华,李月.居住证制度改革新政:演进、挑战与改革路径[J].国家行政学院学报,2015(5):50-56.
⑰　张莹,何强.我国居住证制度探究[J].知与行,2018(2):109-113.
⑱　张晓敏,张秉云,张正河.人口要素流动门槛变迁视角下的户籍制度改革[J].哈尔滨工业大学学报(社会科学版),2016(6):68-73.

尽可能保护城市居民利益的前提下，提升农业转移人口的福利水平，进而缩小城乡差距，最终实现社会福利均等化，尤其对北京和上海这样的超大城市，户籍制度改革面临种种问题，很难一步到位，居住证政策因而成为可行的过渡性政策安排[①]。赵军洁等也认为，居住证政策作为新一轮户籍制度改革的重要政策，是在覆盖基本公共服务的基础上，再逐步延伸至所有公共服务，为最终取消户籍制度创造条件[②]。

3. 居住证政策的成效、问题及对策研究

（1）居住证政策的实施成效

在政策实施成效方面，一些学者认为居住证政策取得了良好的实施效果，具体表现在如下方面。

① 居住证政策打破了户籍限制的藩篱，促进了城乡人口融合。熊正良[③]、叶环宝[④]认为，居住证对打破城乡分割、促进公共服务均等化、消除城乡劳动力流动障碍、减少劳动力市场户籍歧视等有积极作用。谈立群指出，居住证对流动人口具有较好的激励效应，能为流动人口随迁子女享受公平教育提供依据，有助于保障流动人口平等就业的权利并矫正其心理区隔问题[⑤]。张幸格认为，居住证的实施显示了城市治理的包容与接纳，能够提升流动人口的工作积极性[⑥]。

② 居住证制度能够促进流动人口群体的福利改善。袁方等的研究发现，居住证制度显著改善了农民工群体的总福利水平，尤其体现在生活状况与防护性保障方面[⑦]。郝艺指出，居住证作为取消暂住证后的衔接制度，能够赋予持证人更多社会福利，打破了公共服务户籍绑定差别[⑧]。田明认为，居住证促进了城镇原居民与流动人口之间权利的公平，成为社会福利一体化的桥梁[⑨]。黄石鼎指出，与暂住证相比，居住证制度弱化了户籍意识，体现出更为人性化、平等化的特征，推进了流动人口信息化管理，可使流动人口获得更多权益[⑩]。

① 李世美,沈丽.居住证制度与户籍制度改革:北京、上海、深圳的政策解读与对比[J].山东农业大学学报(社会科学版),2018(1):66-74.
② 赵军洁,范毅.改革开放以来户籍制度改革的历史考察和现实观照[J].经济研究参考,2019(10):120-125.
③ 熊正良.城乡二元结构与居住证制度改革[J].人大建设,2016(7):56-58.
④ 叶环宝.户籍制度改革对劳动力市场城乡整合影响研究[D].杭州:浙江大学,2017:108-111.
⑤ 谈立群.居住证制度对流动人口的激励效应研究[D].秦皇岛:燕山大学,2017:24-32.
⑥ 张幸格.暂住证改居住证 一字之差显示包容与接纳[J].决策探索(下半月),2012(2):6-10.
⑦ 袁方,史清华,晋洪涛.居住证制度会改善农民工福利吗?——以上海为例[J].公共管理学报,2016(1):105-116.
⑧ 郝艺."暂""居"之变[J].新产经,2016(12):23-25.
⑨ 田明.户籍制度与居住证制度争论的焦点与改革方向[J].中国党政干部论坛,2016(1):75-76.
⑩ 黄石鼎.流动的城市:管理与服务——基于广州流动人口的城市治理研究[M].广州:广州出版社,2013:80.

③ 居住证制度能提升流动人口管理水平,增进社会和谐。司仲鹏①、米文豪②认为,居住证通过增加流动人口保障性权利和社会支持,改善流动人口心理问题,有助于公安机关更好地掌握流动人口信息,预防流动人口违法犯罪行为的发生。肖明指出出租屋最多、治安最复杂、消防隐患最多、整治难度最大的城中村常是流动人口大量聚居的地方,实行居住证政策,采用居住证门禁卡手段能够显著消除上述乱象,改进城中村管理③。

(2) 居住证政策存在的问题

① 流动人口居住证申领意愿不强,申领率不甚理想。谢宝富等对北京、广州和上海三地流动人口居住证办理意愿的调查结果显示,"不准备办居住证"的流动人口比例为44.5%,居住证办理情况不太理想④。周星累对温州市流动人口的调查结果显示,只有63%的流动人口主动办理过居住登记,而办理过浙江省新型IC卡式居住证的人仅占21.4%⑤。浙江省社科联、浙江省财政学会2010年民生专项调查项目的调查结果也显示浙江省流动人口居住证申领意愿较低,仅有53.5%的流动人口表示愿意主动申领居住证,接近一半的人不愿主动申领居住证⑥。邹湘江对武汉市的调查也得出了相似的结论⑦。

② 居住证申领条件的地区差异明显,超大城市门槛相对较高。薛菁⑧、王阳⑨、陆杰华等⑩均指出,大城市尤其是特大型城市的居住证申领条件偏高。谢宝富认为,上海市居住证存在的问题之一便是将大批低收入流动人口排除在外,然而这一群体往往是最弱势、最需要公共服务及更须加强管理的群体⑪。

③ 居住证未能破除旧有制度藩篱,利益粘连未剥离。唐钧⑫、徐红新等⑬认为,户籍制度的藩篱未完全消弭。姚先国等认为,制度层面的城乡隔离屏障虽被彻底铲

① 司仲鹏.居住证制度与流动人口犯罪控制[J].河北公安警察职业学院学报,2013,13(3):32-34.

② 米文豪.居住证制度在预防流动人口犯罪中的作用及完善[J].山西警官高等专科学校学报,2016(2):48-51.

③ 肖明.城中村出租屋管理民警谈:居住证门禁带来的转变[J].人民公安,2014(8):15-16.

④ 谢宝富,袁倩.京、穗、深流动人口居住证办理意愿研究[J].北京联合大学学报(人文社会科学版),2019(3):107-115.

⑤ 周星累.温州市流动人口居住证管理研究[D].福州:福建农林大学,2017:27.

⑥ 赵耸婷.居住证政策实施效果评估及发展报告——以浙江省为例[J].人民论坛,2011(34):118-119.

⑦ 邹湘江.居住证制度全面实施的问题探讨——基于武汉市1095个流动人口样本的调研分析[J].调研世界,2017(3):10-14.

⑧ 薛菁.流动人口居住证制度实施问题研究[J].中共云南省委党校学报,2011(6):134-136.

⑨ 王阳.居住证制度地方实施现状研究——对上海、成都、郑州三市的考察与思考[J].人口研究,2014(3):55-66.

⑩ 陆杰华,李月.居住证制度改革新政:演进、挑战与改革路径[J].国家行政学院学报,2015(5):50-56.

⑪ 谢宝富.居住积分制:户籍改革的又一个"补丁"? ——上海居住证积分制的特征、问题及对策研究[J].人口研究,2014(1):90-97.

⑫ 唐钧.差强人意的居住证制度[J].中国人力资源社会保障,2015(3):57.

⑬ 徐红新,薛灵芝.居住证的制度价值与立法定位[J].人民论坛,2016(8):96-98.

除,城乡劳动者已拥有平等的迁移就业的法理权利,然而实际权利平等仍受制于获得居住证的资格条件①。陈敏指出,居住证未能实现流动人口与城市本地户籍人口的权利平等,无法满足绝大多数农民工的需要②。张玮等认为,上海市居住证制度仍然存在身份差别导致的群体公共服务获得不平等问题,上海市外来人口获得"市民待遇"仍有诸多困难③。

④ 居住证未能彻底解决随迁子女教育问题。付昌奎等认为,有关居住证和教育的法律规定在地方层面存在标准模糊和相互冲突问题,导致法定权利转换可操作性不强和法律效力有限,损害了随迁子女教育获得权利④。韩世强⑤、唐豪等⑥指出,由于户籍制度的捆绑性安排,政府教育财政支出与户籍挂钩,使流动儿童无法在流入地享受基本义务教育。赵春杰指出,居住证制度下随迁子女即使能获得义务教育服务,也是被"限权"的义务教育,当学习时段达到规定标准时就不得不返回原籍地,这又产生了一些新问题⑦。

⑤ 居住证强化了城市之间的"马太效应"。邹一南认为,居住证制度缩小了城市户籍者与非户籍者利益的差距,客观上提升了大城市的吸引力,促使流动人口进一步向大城市迁移,增加了改革难度,陷入了改革误区⑧。宋锦指出,居住证制度强化了不同层级城市的劳动力市场分割效应,资本、人力资源、技术将在大城市进一步集聚⑨。

⑥ 居住证制造城市新等级。赵德余等指出,由于外来人群人力资本和社会关系的阶层内差异与居住证制度的外在因素相互作用,产生了外来人群阶层再分化的消极后果,即群体内的人员在公共服务获得上差距拉大⑩。李丽梅等认为,居住证是城市政府技巧性地吸纳少数精英外来人口、排斥绝大多数外来人口的设计逻辑下产生的公民身份等级分层制度⑪。

---

① 姚先国,叶环宝,钱雪亚.人力资本与居住证:新制度下的城乡差异观察[J].广东社会科学,2016(2):5-11.

② 陈敏."逆城市化"背景下农民工的权益保障[J].人民论坛,2014(2):166-168.

③ 张玮,王琼,缪艳萍,等.大城市外来人口离"市民待遇"还有多远?——以上海市居住证制度为背景[J].人口与发展,2008(4):52-56+20.

④ 付昌奎,邹志辉.居住证制度下随迁子女受教育权实现的法学分析——以权利的存在形态为视角[J].教育科学,2017(4):11-16.

⑤ 韩世强.农民工随迁子女的权利保障研究[M].北京:法律出版社,2012:197.

⑥ 唐豪,马光红,庞俊秀.大都市流动人口居住问题研究[M].上海:上海大学出版社,2012:113.

⑦ 赵春杰.外来人员教育政策下的完善与展望——居住证"授权"方案[J].法制博览,2016(28):13-14.

⑧ 邹一南.户籍改革的路径误区与政策选择[J].经济学家,2018(9):88-97.

⑨ 宋锦.中国劳动力市场一体化的主要问题研究[J].东南大学学报(哲学社会科学版),2016(6):103-109.

⑩ 赵德余,彭希哲.居住证对外来流动人口的制度后果及激励效应——制度导入与阶层内的再分化[J].人口研究,2010(6):43-54.

⑪ 李丽梅,陈映芳,李思名.中国城市户口和居住证制度下的公民身份等级分层[J].南京社会科学,2015(2):52-60.

(3)居住证问题的解决办法

① 降低居住证申领门槛和办理程序。综合来看,大多数学者都认为当前居住证都存在申领条件过高、申领较麻烦等问题,导致居住证申领情况不甚理想。袁方等[①]、阚婷霞等[②]认为,居住证申领条件颇高,应进一步降低。朱靖宇[③]、薛菁[④]认为,在居住证制度落地过程中申领门槛可以"逐步降低",避免突然放开后的无序后果。

② 实行居住证梯级动态赋权,增强居住证功能的"质、量"。崔镭[⑤]、陈俏[⑥]、孙利华[⑦]、张东锋[⑧]、周宵鹏[⑨]认为,应提高居住证的"含金量",增强流动人口居住证申领意愿。胡薇[⑩]、邹湘江[⑪]、王阳[⑫]认为,在提高居住证"含金量"的同时,应建立梯级动态赋权机制。陈娟指出,要赋予居住证持有者在居住地的基本公共服务权益,逐步实现基本公共服务全覆盖[⑬]。冀文彦等认为,居住证除了赋予基本的人口登记功能,还可与居民身份证、社保卡合并或三卡并用,或将身份证与居住证双卡并用,都作为身份证件,卡体通过技术升级后可变为电子钱包等供使用[⑭]。

③ 协调统筹政府部门间的共同合作。孙伟等[⑮]、陆金梅等[⑯]、陆杰华等[⑰]认为,应确定中央政府和地方政府间的权责分工,统筹财政分配体制,加强政府部门间合作,建立城乡统一的居住证制度。钱雪亚等认为,完善居住证制度的关键在于妥善处理中央政府和地方政府之间的职责分工。在中央政府指导下,地方政府应对自身所应

① 袁方,史清华,晋洪涛.居住证制度会改善农民工福利吗?——以上海为例[J].公共管理学报,2016(1):105-116.

② 阚婷霞,余超.新型城镇化下居住证制度地方实施效果评价研究——基于合肥市的调查分析[J].山西农经,2017(10):52-53.

③ 朱靖宇.居住证制度落地:时代要求、困境及其实践路径——基于社会治理的分析[J].法制与社会,2016(7):165-168.

④ 薛菁.流动人口居住证制度实施问题研究[J].中共云南省委党校学报,2011(6):134-136.

⑤ 崔镭.居住证制度实施问题对策研究[D].南京:东南大学,2016:23.

⑥ 陈俏.立法提高居住证"含金量"[J].浙江人大,2016(4):36-38.

⑦ 孙利华.释放居住证的引才"含金量"[N].洛阳日报,2018-05-22(4).

⑧ 张东锋.迈过居住证"门槛"要在配套上下功夫[N].南方日报,2016-12-16(F02).

⑨ 周宵鹏.居住证"含金量"不能看得见摸不着[J].海南人大,2017(2):36-38.

⑩ 胡薇.居住证"落地"中的政策着力点[N].光明日报,2016-01-04(11).

⑪ 邹湘江.居住证制度全面实施的问题探讨——基于武汉市1095个流动人口样本的调研分析[J].调研世界,2017(3):10-14.

⑫ 王阳.我国居住证制度实施现状、评价及推广建议——基于对郑州市的考察[J].北方经济,2015(7):36-39.

⑬ 陈娟.户籍制度改革与中小城市公共服务供给——湖州市的实践探索与路径构建思考[J].中共浙江省委党校学报,2017(5):77-83.

⑭ 冀文彦,薛婷婷,胡雅芬.上海和武汉模式对居住证全国推广的启示[J].北京城市学院学报,2014(2):55-60.

⑮ 孙伟,夏锋.以居住证制度取代城乡二元户籍制度的改革路径研究[J].经济体制改革,2018(4):26-30.

⑯ 陆金梅,刘建昌.居住证制度发展的路径优化[J].广西警察学院学报,2019(1):43-48.

⑰ 陆杰华,李月.居住证制度改革新政:演进、挑战与改革路径[J].国家行政学院学报,2015(5):50-56.

承担的公共服务进行明确界定①。吴春霞认为,应建立全国一体化居住证制度,防止居住证"碎片化"趋势,实现居住证及其蕴含的公共服务"全国漫游"②。

2.2.4 有关积分落户的研究

积分落户作为居住证积分落户政策的两大重要组成部分之一,也是近年来我国学界关注的热点问题之一,相关研究包括如下方面。

1. 积分落户意愿的影响因素研究

在影响因素方面,一是流动人口个体和家庭因素,李竞博等研究发现,流动人口的个人特征、家庭特征及社会经济特征影响其落户迁移意愿,具有良好资源禀赋的流动人口在积分落户制实施后,落户意愿有所提高③。蔡龙湖指出,农民工的传统土地价值观,城市生活遇到就业难、住房难和子女上学难等压力,对积分落户政策的认知程度不足和自身文化程度低等原因都会导致农民工的积分落户意愿不强④。谢建社等研究发现,流动人口的社会资本和人力资本情况对其落户意愿有重要影响。社会资本层面的社会参与、社会网络和人力资本层面的农村户籍价值、土地存量的共同影响有两种情况:当两者的影响都小时,会导致流动人口既无长期居留意愿,也无户籍迁移意愿;当前者的影响大、后者的影响小时,流动人口有长期居留意愿但无户籍迁移意愿。而当个体因素和家庭因素加入时,则更进一步导致四种决策模式⑤。二是政策和制度因素。王红茹指出,北京市积分落户政策的设计思路本质上是控制和缓解外来人口规模压力,政策层面的放宽几无可能性⑥。李飞等研究发现,一些流动人口即使达到了积分落户标准,成功"入围",城镇定居意愿也会受到城市户籍价值的影响,当认为权利待遇不佳时更有可能持观望或消极态度而不愿落户⑦。

① 钱雪亚,胡琼,苏东冉.公共服务享有、居住证积分与农民工市民化观察[J].中国经济问题,2017(5):47-57.

② 吴春霞.居住证制度对农民工市民化进程影响分析[D].石家庄:河北经贸大学,2015:46-47.

③ 李竞博,高瑷,原新.积分落户时代超大城市流动人口的永久迁移意愿[J].人口与经济,2018(1):17-27.

④ 蔡龙湖.农民工参加积分入户的影响因素及对策分析——以广州市为例[J].辽宁行政学院学报,2013(8):119-121.

⑤ 谢建社,张华初,罗光容.广州市流动人口四种迁移意愿的统计分析[J].统计与决策,2016(6):106-109.

⑥ 王红茹.国家发改委新精神出台,北京积分落户人数会增加吗——"北京户籍指标大多是按计划分配,积分落户是九牛一毛"[J].中国经济周刊,2019(8):58-60.

⑦ 李飞,杜云素.城镇定居、户籍价值与农民工积分落户——基于中山市积分落户入围人员的调查[J].农业经济问题,2016(8):82-91.

2. 积分落户政策的成效、问题及对策研究

关于积分落户政策的积极效果,李明超①认为,积分落户能够突破我国户籍制度的利益固化。陈景云等指出,积分落户制能够引导人口合理有序流动,改善城市户籍人口与非户籍人口"倒挂"现象,优化人口内部年龄结构,吸纳高学历、高技能人才②。王亚宏认为,积分落户制使公安部门能掌握流动人口真实信息,对"去了哪里"和"从哪里来"等信息实现动态追踪③。赵德余认为,积分落户政策相对灵活,相对以前行政审批式的准入制度,能获得更好的社会支持④。黄岩指出,中山市积分落户制具有入户门槛大幅降低、积分内容和标准系统化、操作简便等优点,能够引导流动人口合理有序流动,有效推动公共服务均等化⑤。

但也有不少学者指出积分落户政策存在诸多问题,主要如下:

一是地区之间积分落户条件差异明显,超大、特大城市门槛高筑。陈景云等⑥、陆杰华⑦、贾玥⑧、李晓壮⑨均认为,超大、特大城市积分落户门槛高筑。刘崚指出,北京、上海两地设计了各自的积分落户标准,各有侧重,上海重学历,北京重贡献,然而在人口规模控制的压力下落户指标"僧多粥少"⑩。张春侠指出,北京市积分落户政策仅带来短暂的政策期待,随后堪称史上最严的积分条件使大多数流动人口发现落户北京仍有一道难以逾越的门槛⑪。陆杰华分析了北京市居住证申领条件高、覆盖面小,以及积分落户门槛高、与人口调控有矛盾⑫。邓雪琳指出,积分制在地方实践上存在四组矛盾,即外来人口强烈落户需求与落户指标有限性的矛盾、指标条件失衡性矛盾、申请手续烦琐与政府管理呈碎片化的矛盾,以及积分落户指标不够用与用不完的矛盾⑬。江立华等指出,中山市的积分制存在指标需求、供给与使用的结构性矛

---

① 李明超.城市流动人口管理变革:透视积分制[J].重庆社会科学,2016(11):13-20.

② 陈景云,刘志光.流动人口积分制管理的效果分析——以深圳市为例[J].中国人口科学,2013(6):91-101.

③ 王亚宏.流动人口积分制管理研究[D].北京:中国人民公安大学,2017:26-30.

④ 赵德余.广东积分落户管理政策的经验及其对上海的启示[J].科学发展,2013(8):109-112.

⑤ 黄岩.流动人员积分制管理模式的功能与效果分析——以广东省中山市为例[J].岭南学刊,2012(4):43-47.

⑥ 同②。

⑦ 陆杰华.首都人口调控背景下的居住证制度设计[J].北京观察,2015(11):17-19.

⑧ 贾玥.聚焦特大城市居住证政策[J].政府法制,2015(19):34-35.

⑨ 李晓壮.居住证积分落户规模初步测度与分析——以北京市为例[J].调研世界,2016(7):8-13.

⑩ 刘崚.僧多粥少 积分落户圆了谁的梦[J].决策探索(上半月),2016(9):24-25.

⑪ 张春侠.北京积分落户门槛有多高?[J].中国报道,2016(1):84-85.

⑫ 陆杰华.首都人口调控背景下的居住证制度设计[J].北京观察,2015(11):17-19.

⑬ 邓雪琳.外来流动人口积分制改革存在的问题与对策分析——以珠三角地区为例[J].湖北行政学院学报,2014(4):68-72.

盾,以及积分落户门槛过高和外来人口符合条件普遍不足问题[①]。汪建华等认为,深圳市积分落户的限制虽然逐步放开,但是相比流动人口的数量来说,远远"供小于求"[②]。

二是积分落户难解旧有痼疾,群体权利差异现象仍然存在。杨菊花[③]、查攀[④]均指出积分落户存在该问题。王春蕊对上海市和广州市积分制的研究发现,二者虽要求不一,但人才偏好相当明显,普惠性赋权范围则显保守[⑤]。张小劲等对11个城市的积分落户指标体系进行分类研究后,亦认为多数城市的积分制的筛选性倾向过于明显,表现出对高学历、高技能、多财富人群的优先选择倾向[⑥]。钱雪亚等发现,农民工群体面临积分落户能力不足和隐性实际权利不平等问题。邹一南指出,积分落户已成为大城市之间抢人大战的手段,本应受益的农民工却被排除在外,导致人口红利和人口负债在大小城市之间失衡配置,加剧了城市之间的发展差距[⑦]。葛延风等指出,居住证积分落户实际上仍属"要人手不要人口"的调控思维,且会导致在外来常住人口内部出现新的不公平[⑧]。潘鸿雁发现,积分落户使流动人口家庭形成制度化分层,社会服务供给两极分化,处于积分落户政策范围之外的家庭难免"漂泊异乡客"的隔离感[⑨]。

3. 积分落户政策的改进对策研究

针对积分落户政策存在的问题,不少学者提出了改革思路及建议。

首先,积分落户政策应有更合理的落户规模。针对落户指标供不应求问题,张炜建议北京市适当放宽落户规模,妥善处理现行落户政策与严格控制人口数量之间的关系,确定更合理的落户规模[⑩]。潘卓艺建议,城市应在可承受范围之内多放开落户的名额限制,解决更多流动人口落户问题,加快城市化进程[⑪]。

---

①　江立华,谷玉良.城市流动人口积分入户政策——户籍制度改革的"中山经验"[J].社会建设,2014(1):68-76.

②　汪建华,刘文斌.深圳流动人口治理的历史演变与经验[J].文化纵横,2018(2):48-55.

③　杨菊花.浅议《居住证暂行条例》与户籍制度改革——兼论居住证与新型城镇化[J].东岳论丛,2017(3):58-66.

④　查攀.积分管理制的户籍制度改革研讨——以上海市、青岛市为例[J].四川警察学院学报,2016(5):105-111.

⑤　王春蕊.论农业转移人口市民化进程中居住证管理制度的完善[J].中州学刊,2015(6):60-65.

⑥　张小劲,陈波.中国城市积分入户制比较研究:模块构成、偏好类型与城市改革特征[J].华中师范大学学报(人文社会科学版),2017(6):1-10.

⑦　邹一南.户籍改革的路径误区与政策选择[J].经济学家,2018(9):88-97.

⑧　国务院发展研究中心社会发展研究部课题组,葛延风.上海城市人口总量控制与结构优化研究[J].科学发展,2014(5):69-81.

⑨　潘鸿雁.居住证积分制调控与流动人口家庭社会服务体系建设[J].上海行政学院学报,2017(1):73-82.

⑩　张炜.对积分落户制度设计的几点思考[J].前线,2015(1):34-36.

⑪　潘卓艺.广州市"积分入户"政策研究[D].广州:华南农业大学,2016:40-44.

　　其次,积分落户政策应更具公平性,需合理设置和分配指标。谢宝富认为,应拿出适当指标,通过摇号的方式,分给积分未达标但合法居住及就业的流动人口,让其享受与积分达标者相同待遇;应解放思想,实事求是,妥善解决低收入流动人口属地化服务问题①。康岚建议,提高实用技能和年限指标的权重值,适当降低学历指标的权重值,进一步强化及完善守法类指标②。刘同辉等认为,可采用效标量表法、德尔菲法、理论模拟法和实测验证法,综合设计居住证积分管理指标体系③。张钰龙建议,适当降低积分落户政策门槛,以普通劳动群体作为参照,使政策惠及更多人群,减少指标赋值之间的差异,合理设置技术与学历分值,将技术提升至同等位置,公平对待不同类型人才④。侯慧丽认为,实施积分落户政策不应使流动人口承担更大风险,应让他们享受政策福利,保持政策公平性⑤。

　　最后,推进积分制政策与推进基本公共服务均等化相结合。陈景云指出,流动人口进城并非仅为谋求户籍,而是更需社会地位与尊严,更需公平、平等的对待,享受相对农村来说更好的公共资源和服务⑥。郑梓桢等认为,必须一手抓落户,一手抓基本公共服务,实现基本公共服务均等化,让流动人员享受在生活、教育、医疗、住房等方面社会保障的底线公平。实现基本公共服务均等化,就是保证整个城市中无论居民还是外来务工人员都能体面地劳动、有尊严地生活的最重要保障⑦。李明超认为,积分落户制应采取系列配套措施。例如:建立统一协调的流动人口服务管理机构、以居住证为载体的流动人口管理体制、以身份证为载体的人口迁徙管理体制、流动人口在流入地属地社会管理机制、以贡献度为核心的公共服务均等化管理机制、以农民土地权益流转为基础的地票补偿机制等⑧。

2.3　文献评述

　　综上可见,国内外相关研究差异较明显。国外几无关于居住证、积分落户的直接研究,学者们关注的多是人口管理制度、人口迁移等问题。在人口管理制度上,因其

---

　　① 谢宝富.居住证积分制:户籍改革的又一个"补丁"? ——上海居住证积分制的特征、问题及对策研究[J].人口研究,2014(1):90-97.

　　② 康岚.新"土客"关系中的外群印象与差异化接纳——兼谈完善居住证积分制的民意基础[J].城市发展研究,2015(1):116-122.

　　③ 刘同辉,丁振文,毛大立.上海市居住证积分指标体系研究[J].社会科学,2014(10):80-89.

　　④ 张钰龙.户籍改革的积分制研究[D].合肥:安徽大学,2013:47-49.

　　⑤ 侯慧丽.积分入户在城市化进程中的风险分担——以深圳市为例[J].新视野,2014(6):97-101.

　　⑥ 陈景云.流动人口积分制管理的价值、限度与展望——以深圳市为例[J].岭南学刊,2014(1):42-49.

　　⑦ 郑梓桢,宋健.中山市流动人口积分制管理存在的问题及对策分析[J].南方人口,2011(4):57-64.

　　⑧ 李明超.城市流动人口管理变革:透视积分制[J].重庆社会科学,2016(11):13-20.

功能单一，几乎只承载最基本的功能——人口信息登记和人口管理，所以相关研究较少。人口迁移研究则丰富得多，不仅有关于人口迁移的驱动因素探讨，而且有推拉理论、二元经济结构理论等成熟的理论总结。从细分的角度来看，国外关于境内移民和人口迁移的研究多为特征和影响因素研究，政策研究略显不足；关于境外移民的研究则较为丰富，在境外移民的特征、影响和管理政策上有较丰富的研究成果。这种内外研究失衡的状态是由其社会现实所致，境内人口自由迁移是自由主义盛行的欧美国家经济和社会因素双重作用下的自然选择状态，所以并未加以限制。相反，欧美国家多面临严峻的境外移民问题，所以采取了一系列管理措施，作为选择性接收高技能移民的政策，积分准入自然顺理成章。

国内居住证积分落户相关研究实为独特的本土现象研究。学者们对户籍制度做了丰富的研究，较深刻地剖析了户籍制度的积极、消极影响，且在户籍制度的改革过程和存在问题研究上颇有建树。关于居住证的内涵、功能、正面效果、存在的问题和改进对策的研究较为丰富，对积分落户的内涵、特征、成效、问题及对策研究亦成果较多。

这些成果对本课题的研究虽有一定的参考意义，但仍有较多不足：一是居住证、积分落户作为中国本土现象，国外可借鉴成果存在可能性不佳和可行性不足问题，参考面有限——多局限于人口迁移的相关因素和理论研究，且不一定切合中国社会现实，因而需以中国的具体实践为基础进行筛选、剔除和检验；二是居住证、积分落户作为中国特色的现象，是尊重现实情况下的理性选择，具有相对合理性，是符合中国社会发展情况的渐进式户籍制度改革的产物。该政策在各城市的实践堪称特色各具，相关研究也显得颇不均衡，对珠三角城市居住证、积分落户，学界研究较多；北京市居住证、积分落户政策因颁行较晚，因而针对其的研究还较薄弱，虽有些专门研究[①]，但多属政策颁布前的预研成果，对北京市正式颁行的政策及实施问题，尚乏专门研究。对北京市居住证变硬强制为软约束、变综治维稳为主为属地服务为主、兼顾工具理性与价值理性等特征，以及居住证申领门槛偏高、程序烦琐、赋权模糊、居住证和积分落户之间缺乏梯度赋权等问题；对北京市积分落户政策以一套积分指标体系适用多类

---

① 如李志凤《居住证制度实施的必要性与可行性——以北京为例的分析》（中国社会科学院研究生院2014年硕士学位论文）分析了北京市居住证取代暂住证的必要与可能，提出了明确功能定位、强化法律保障、以居住证为载体建立梯级服务体系等建议。陈冲《北京市居住证立法问题研究》（中央民族大学2015年硕士学位论文）考察了北京市居住证的功能定位、申领条件及权益赋予等，建议居住证既应保障流动人口权益、减少门槛，也要兼顾城市承载力，实事求是地增进流动人口权益。陆杰华《首都人口调控背景下的居住证制度设计》（《北京观察》2015年第11期第17～19页）分析了北京市居住证申领条件高、覆盖面小、积分落户门槛高、与人口调控有矛盾等问题，提出了降低居住证申领条件及福利水平、提高覆盖面等建议。李晓壮《居住证积分落户规模初步测度与分析——以北京市为例》（《调研世界》2016年第7期第8～13页）考察了北京市居住证积分落户政策草案，认为其积分落户门槛具有普惠性质，建议处理好战略与战术、门槛高与底线公平、存量与增量等关系。以上成果都是北京市居住证政策颁布前的预研成果，对北京市正式居住证及实施问题尚乏基本研究。

流动人口、政策目标多元化、合法稳定就业及合法稳定居住指标的基础而非主导地位、积分指标权重形似向年轻人倾斜实则向不老不少者倾斜等特征,以及积分落户政策存在的突出矛盾①及其化解之策等,尚乏系统考察。有鉴于此,本研究拟对北京市居住证积分落户政策进行专门探讨。

---

① 四大矛盾指的是流动人口普遍性享有市民权利与城市人口调控需要之间存在矛盾;促进流动人口平等落户的价值理性与城市发展经济的工具理性之间存在矛盾;积分指标体系重视导向功能与其引导力度有限、相关配套措施不足之间存在矛盾;积分指标的简略性与合理性之间存在矛盾。

第 3 章

北京市居住证政策研究

2015 年,国务院颁布《居住证暂行条例》,宣布全国实施居住证政策。同年 12 月,北京市发布居住证管理办法草案,征求市民意见;2016 年 10 月,北京市正式实施居住证政策。近几年来,北京市居住证在加强流动人口属地服务管理、突破户籍藩篱、促进流动人口市民化、平衡工具理性与价值理性等方面发挥了重要作用,但也存在权益负载薄弱、与积分落户之间赋权断裂、申领门槛偏高、程序繁复等不足,有待进一步完善。

3.1　居住证政策的缘起、内涵及特征

3.1.1　从暂住证到居住证的政策变迁

居住证是由 20 世纪 80 年代暂住证演化而来,演化过程包括三个阶段:一是暂住证的兴衰(20 世纪 90 年代—21 世纪初);二是居住证的探索(21 世纪初—2006 年);三是居住证的推广(2007 年至今)。

1. 暂住证的兴衰(20 世纪 90 年代—21 世纪初)

20 世纪 50 年代,新中国正处于过渡时期的困难阶段,出于维护国家安全、保障社会稳定以及确保优先发展重工业的经济战略顺利推行等考虑,我国建立起严格的户籍管理制度,将户口划分为城镇非农业和农业户口两种性质,把人口相对固定在城市和农村。在此基础上,实行"双轨制"配给物品、服务和保障,最终逐步演化为独特的城乡二元结构和人口地域固化特征——户籍管理严格,人口流动低频。

该固化状况一直持续到 20 世纪 80 年代初,当改革开放的春风吹拂,在经济活力得以激发的同时,人口流动的浪潮也悄然兴起。一方面,家庭联产承包责任制促使农业生产效率快速提高,粮食产量大幅增加,解除了集体经济组织对农民的束缚,释放了一大批剩余劳动力,为农村劳动力进城创造了前提条件;另一方面,伴随经济体制改革,经济增长点在多领域萌发,使城市对劳动力的需求量空前加大。内推外需的合力使农村人口纷纷涌入城市寻找就业机会。据统计,1979 年北京市流动人口总量为 26.5 万人,1984 年即超过了 70 万人,增速达 164%[①]。为适应新的形势,党和政府不得不逐步调整户籍政策,放松对人口流动的限制。

作为改革开放桥头堡的深圳市率先突围,于 1983 年、1985 年分别颁布《关于颁发〈深圳经济特区居民证〉、〈深圳经济特区暂住证〉的暂行规定的通知》(深府〔1983〕251 号)、《深圳经济特区暂住人员户口管理暂行规定》(深府〔1985〕156 号),要求凡进

---

① 张真理.北京市流动人口服务管理史略(1978—2008)[J].兰州学刊,2009(7):113-118.

入特区的人员,必须持有效合法证件,按规定到公安机关办理申报临时户口手续或申领深圳经济特区暂住证,在全国首次采用暂住证对人口流动进行制度化管理。1984 年,国务院颁布《关于农民进入集镇落户问题的通知》(国发〔1984〕141 号),标志着全国范围内城乡间户籍制度的坚冰开始融化。为免大面积"人户分离"对社会稳定秩序带来的威胁,1985 年 7 月,公安部颁布《公安部关于城镇暂住人口管理的暂行规定》(〔85〕公发 47 号),要求各地运用暂住人口登记簿和暂住证、寄住证等"抓手",区别暂住时间长短和暂住目的差异,对城镇暂住人口进行分类分证登记管理,这标志着暂住证制度在我国开始确立。在此背景下,北京市政府及其公安局等相关职能部门相继颁布了《北京市人民政府关于暂住人口户口管理的规定》(京政发〔1985〕166 号)及其实施细则等,明确规定凡从北京市行政区域以外来京暂住的人员,都应当向暂住地公安派出所申请暂住登记,其中年龄在 16 周岁以上(含 16 周岁)、暂住时间拟在 3 个月以上的,须申请办理暂住证。

20 世纪 90 年代,随着经济体制改革日益深化,人口流动规模空前扩大。据统计,1990—2000 年,全国流动人口规模由 2135 万[①]增长为 10229 万人,增速达379%[②]。为应对流动人口激增可能带来的隐患,公安部推出《暂住证申领办法》(1995 年 6 月 2 日公安部令第 25 号),规定"暂住证是公民离开常住户口所在地的市区或者乡、镇,在其他地区暂住的证明",是"暂住人在暂住地办理劳务许可证、工商营业执照等证照"时应出示的证明,取消寄住证,统一使用暂住证,以省、自治区、直辖市为单位规范暂住证式样,允许基层单位设立暂住人口管理站和聘用户口协管员,严格督办暂住证,使其成为流动人口立足城市的必备要件。暂住证由此从中央到地方全面推广开来,产生了一定的管理效果。据统计,1994—2003 年,北京市流动人口仅增加了 76.1 万人。与此同时,黑龙江省流动人口由 105.2 万人降至 71.1 万人,而暂住证申领率一度高达 96.26%[③]。

但严格的登记、核发、日常管理和收容遣返需大量人力来执行,在公安机关警力匮乏、难以负载的情况下,公安部将此项职权以委托方式授予给聘任制身份的户口协管人员。由于受托机构众多、人员数量庞大、准入资格不清晰以及日常监督不到位等原因,协管员的素质参差不齐,时有侵犯流动人口合法权益等各类负面事件发生,由此引发的社会不满情绪在貌似牢固的制度背后暗流汹涌,终因 2003 年"孙志刚事件"引发众怒,将人们长久累积起来的对暂住证制度的不满推向高潮,暂住证至此彻底走向衰落。

---

① 中华人民共和国国家统计局.关于一九九〇年人口普查主要数据的公报(第一号)[EB/OL].(1990-10-30)[2024-01-06].https://www.stats.gov.cn/sj/tjgb/rkpcgb/qgrkpcgb/202302/t20230206_1901990.html.

② 中华人民共和国国家统计局.2000 年第五次全国人口普查主要数据公报(第一号)[EB/OL].(2001-03-28)[2024-01-06].https://www.gov.cn/gongbao/content/2001/content_60740.htm.

③ 黑龙江省地方志编纂委员会.黑龙江省志·公安志:1986—2005[M].哈尔滨:黑龙江人民出版社,2016.

2. 居住证的探索（21世纪初—2006年）

适用于各类流动人口的普通居住证发轫于1989年珠海市和厦门市为管理在本地投资和居住的港、澳、台商推出的居住证制度，20世纪90年代北京市和上海市为引进人才分别推出了"工作居住证"和"引进人才工作证"，赋予人才在住房、子女入学及社会保障等方面的社会福利，该做法随后推广到广东、浙江等地。这一时期的居住证门槛高，惠面窄，仅为小部分精英群体所特有。

2004年，在中央"深化户籍制度改革，完善流动人口管理"的指导思想下，上海市面对人口大规模涌入，着手扩大居住证的适用范围，相继颁布了《上海市居住证暂行规定》（2004年上海市人民政府令第32号）及其实施细则，将居住证的适用对象由"具有本科以上学历或者特殊才能的国内外人员"扩展至"非本市户籍的境内人员"，规定持证人在居住证有效期内享有子女就读、计生服务、卫生防疫服务、社会保险、证照办理、科技申报、资格评定、考试和鉴定以及参选本市劳动模范、三八红旗手等待遇。从此，居住证开始大众化。2006年，上海市积极响应国务院《关于解决农民工问题的若干意见》（国发〔2006〕5号），颁布《上海市人民政府关于本市做好农民工工作的实施意见》（沪府发〔2006〕44号），再次强调居住证制度是流动人口管理工具，明确要求"推进居住证制度，加强农民工的属地化管理"，要求来沪农民工办理居住登记，符合稳定就业和稳定住所条件的可以申领上海市居住证，享受相关待遇。同年，浙江《中共嘉兴市委嘉兴市人民政府关于加强嘉兴新居民服务管理工作的若干意见（试行）》（嘉委〔2006〕35号），对嘉兴新居民（流动人口）全面实施居住证制度。上海市与浙江省的试点性探索为居住证制度的构建提供了基本思路，为该政策的推广积累了宝贵经验。在此基础上，成都、深圳、无锡、温州、武汉等地相继出台居住证政策，居住证制度至此已初具规模。

3. 居住证的推广（2007年至今）

在各地积极探索、试点推广的背景下，2006年12月17日，中共中央、国务院颁布《关于全面加强人口和计划生育工作统筹解决人口问题的决定》，明确提出："实行流动人口居住证制度，将流动人口管理服务纳入地方经济社会发展规划，促进流动人口融入城市生活。"2010年，国务院在转发国家发改委《关于2010年深化经济体制改革重点工作的意见》中明确指出："深化户籍制度改革，将加快落实放宽中小城市、小城镇特别是县城和中心镇落户条件的政策。进一步完善暂住人口登记制度，逐步在全国范围内实行居住证制度。"2012年，在全国政协十一届五次会议关于"统筹城乡社会发展，促进农民工融入城市"的讨论会上，时任公安部副部长黄明透露《居住证管理办法》已拟定草案。2013年5月，在深化经济体制改革重点工作的常务会上，时任国务院总理李克强指出，"年内还将出台居住证管理办法、分类推进户籍制度改革"。2014年3月，中共中央、国务院《国家新型城镇化规划（2014—2020）》白皮书强调要全面推行流动人口居住证制度。同年，《国务院关于进一步推进户籍制度改革的意见》再次强调要"全面实施居住证制度"。2014年,时任北京市市长王安顺在政府工作报告中强调,要从城市功能定位、产业结构优化以及资源调控配置等多个方面,全面探索人口规模调控的根本策略,大力提升政府服务、管理效能,高度重视流动人口登记管理工作,逐步建立起人口服务管理的全覆盖体系,推行居住证制度。2015年,国务院正式颁布《居住证暂行条例》,规定"公民离开常住户口所在地,到其他城市居住半年以上,符合有合法稳定就业、合法稳定住所、连续就读条件之一的,可依照本条例规定申领居住证""居住证是持证人在居住地居住、作为常住人口享受基本公共服务和便利、申请登记常住户口的证明",全文共计32条,对居住证的申领、居住证蕴含的福利和便利等均做了详细规定,于2016年1月1日正式实施。在中央政府的倡导和部署下,地方政府纷纷结合本地情况,颁布《居住证暂行条例》实施办法,根据暂行条例要求修改或制定本地居住证政策,标志着居住证制度在全国范围内正式实施。

3.1.2 居住证政策的内涵及特征

2010年,北京市首次提出要推行居住证制度,对全市实有人口进行了全覆盖式调查,为推行居住证制度奠定了基础。2012年中国共产党北京市第十一次代表大会、2014年北京市人民代表大会均强调要积极推进居住证制度。2014—2015年,北京市公安局多次组织相关部门领导及专家讨论居住证政策方案。2015年10月,国务院颁布《居住证暂行条例》,宣布在全国实施居住证政策。同年12月,北京市发布《北京市居住证管理办法》征求意见稿;2016年5月,北京市颁布《北京市实施〈居住证暂行条例〉办法》(北京市人民政府令第270号),同年10月,北京市正式实施居住证政策。

1. 居住证政策的内涵

《北京市实施〈居住证暂行条例〉办法》对北京市居住证的政策宗旨、所及部门、配套措施等做了说明和要求,同时也对北京市居住证的性质、申领条件、相关附属权益等做了规定,主要内容与国务院《居住证暂行条例》保持高度一致。

在政策宗旨上,从《居住证暂行条例》及《北京市实施〈居住证暂行条例〉办法》的有关条文可见,北京市居住证政策的推行,宏观上是为了推动新型城镇化,促进本市人口与资源环境、经济社会的协调发展,实现城镇基本公共服务和便利的常住人口全覆盖,保障公民合法权益,落实社会公平正义;微观上是为方便来京流动人口在本市工作、学习和生活,保障其合法权益和便利。

在政策实施上,涉及部门广泛,主体多元。公安机关作为政策执行的主责部门,负责居住证申领受理、制作、发放、签注等证件管理工作,同时规定社区居民委员会、村民委员会等基层自治组织以及用人单位、就读学校、房屋出租人等有协助居住证的申领受理、发放和对持证人进行服务管理的职责;发展改革、教育、公安、民政、司法行政、人力资源和社会保障、住房和城乡建设、国土资源、卫生健康等相关行政部门应结合各自职责,落实持证人相关权益保障和服务管理工作。

在配套建设上,明确规定建立完善居住证服务管理信息系统。《北京市实施〈居住证暂行条例〉办法》规定,北京市要按照统一规划、资源共享、互联互通的原则,建立健全劳动就业、教育、社会保障、房产、信用、卫生健康、婚姻、居住证等信息系统,对来京人员信息实行动态管理,为实现基本公共服务和便利对常住人口的全覆盖提供信息支持。要求公安、人力资源和社会保障、住房和城乡建设、国土资源、教育、民政、卫生健康等相关行政部门逐步使用现代化信息技术以及其他便捷手段,方便来京人员申报相关信息,对来京人员信息进行动态管理。

对北京市居住证本身所及事项,《北京市实施〈居住证暂行条例〉办法》亦有明确规定,具体事项及内容见表3.1。

表 3.1　北京市居住证政策内涵[①]

规定事项	具体内容
证件性质	居住证是来京人员在京居住、作为常住人口享受基本公共服务和便利、参与本市社会事务的凭证,是通过积分申请登记常住户口的证明
申请条件	在京居住 6 个月以上。 符合在京有合法稳定就业、合法稳定住所、连续就读条件[②]之一
赋予权益	三项权利:在京依法享受劳动就业,参加社会保险,缴存、提取和使用住房公积金的权利。 六项服务:《居住证暂行条例》第十二条规定的基本公共服务[③]。 七项便利:《居住证暂行条例》第十三条规定的便利[④]
所需材料	本人居民身份证或其他合法有效身份证件;近期免冠照片;居住时间证明;就业证明或住所证明或就读证明
特殊人群	未满 16 周岁的未成年人或行动不便的老年人、残疾人等可由其监护人、近亲属代为申领
办理时间	符合条件的,自受理申请之日起 15 日内发放居住证;不符合条件的,需延长时限的,制发居住证的时间最长不得超过 30 日
特殊情况	申请人出具虚假证明材料的,申请不予受理;已经受理的,终止办理程序,不予发放居住证;已经发放的,对居住证予以撤销
注销情形	死亡的,已在京登记常住户口的、法律法规或规章规定的其他应注销的情形,对居住证予以注销

① 本表由笔者根据《北京市实施〈居住证暂行条例〉办法》编制。

② 在京有稳定就业,指未来可能在本市就业 6 个月以上;在京有稳定住所,指拥有未来可以在本市居住 6 个月以上的住所;在京连续就读,指在本市中、小学取得学籍的就读以及在本市中等职业学校、普通高等学校和具有研究生培养资格的科研机构取得学籍并接受全日制学历教育的就读。

③ 义务教育;基本公共就业服务;基本公共卫生服务和计划生育服务;公共文化体育服务;法律援助和其他法律服务;国家规定的其他基本公共服务。

④ 按照国家有关规定办理出入境证件;按照国家有关规定换领、补领居民身份证;机动车登记;申领机动车驾驶证;报名参加职业资格考试、申请授予职业资格;办理生育服务登记和其他计划生育证明材料;国家规定的其他便利。

续表 3.1

规定事项	具体内容
所及单位	公安机关作为主责部门,负责居住证申领受理、制作、发放、签注等证件管理工作,同时规定居民委员会、村民委员会、用人单位、就读学校以及房屋出租人等有协助居住证的申领受理、发放和对持证人进行服务管理的职责;发展改革、教育、公安、民政、司法行政、人力资源和社会保障、住房和城乡建设、国土资源、卫生计生等相关行政部门应结合各自职责,落实持证人相关权益保障和服务管理工作
使用说明	实行年度签注制度,每年签注1次,在居住每满1年之日前1个月内申请办理签注。逾期未办理签注的,《北京市居住证》使用功能中止;补办签注后,恢复使用功能,持有人在京的居住年限自补办签注手续之日起连续计算
服务费用	首次申领免收证件工本费;换领、补领,应缴纳证件工本费,签注手续不收费

该政策于2016年10月1日正式实施。同年10月8日起,受北京市公安机关委托的首批346个流动人口和出租房屋服务站为来京人员办理暂住登记,发放北京市居住登记卡,这标志着在北京实施31年之久的暂住证制度彻底告别历史舞台。

2. 居住证政策的特征

根据《北京市实施〈居住证暂行条例〉办法》《北京市办理暂住登记和居住证实施细则》(京公人管字〔2016〕1337号)等文件,结合北京市近年政策实施情况,可以看出北京市居住证政策主要有如下特征。

第一,鉴既往之失,变硬强制为软约束,以服务促管理。居住证与暂住证的区别之一是不再采用强制手段迫使流动人口申领居住证,而是由流动人口自主决定是否申领居住证。暂住证政策规定,流动人口须在规定时限内向流入地户口登记机关申领暂住证,否则,一经查实就会面临收容遣送。收容遣送虽为暂住证制度实施和人口登记提供了有力的保证,但刚性太过,加之部分执法人员素质不高,执法严重走样,使正常收费退变为乱罚款,强制演化成粗暴,遣返异化为驱逐,导致"孙志刚事件"的发生,彻底动摇了收容遣送及暂住证制度的根基。鉴既往之失,居住证政策规定,首次申领居住证不收费,不要求流动人口必须申领居住证,而是尊重自由意愿,试图通过居住证附着的权益和便利吸引流动人口申领居住证。该转变具有明显的进步性。首先,它尊重了人口迁徙的自由意志,有利于人口自由流动;其次,居住证的吸引力差异会成为人力资本竞争力的差异,使属地政府为提高竞争力而竞相改善流动人口服务。

只是,换一个角度看,这样的权益和便利吸引本质上也是一种"软约束"。以北京为例,流动人口若不申领居住登记卡、居住证,则不能在流入地享有办理五险一金、营业执照等诸多在流入地工作、生活所必需的基本公共服务和便利,随迁子女也很难进入流入地公办学校接受义务教育等。简而言之,若不申领居住登记卡、居住证,常住流动人口在京工作、生活和学习就会有一定的不便及困难。其间,借居住证强化流动人口属地管理("以证管人")的政策追求也较明显。

第二,改暂住为居住,承认流动人口的居民身份,给予流动人口以相应的基本权益、服务及便利,以提升他们的归属感和幸福感。将暂住证更名为居住证,意在承认流动人口新居民身份,给予其一定的市民待遇。俞可平指出,"公民身份是公民权利的基础"和"前提"①,身份确认是履行义务和享有权利的先决条件。《北京市实施〈居住证暂行条例〉办法》规定,居住证是来京人员在京居住、作为常住人口享受基本公共服务和便利、参与本市社会事务的凭证,持居住证者可享有《居住证暂行条例》规定的"三项权利、六项服务、七项便利"以及参加积分落户等权利。这是对流动人口居民身份及其相应权益的确认,该确认可提高流动人口的城市融入意愿,增强其归属感,而归属感又是人的终极追求——幸福感的重要组成部分。有研究表明,近年来我国公民正面临"幸福停滞"的困境,甚至呈现幸福感下降趋势②。幸福感下降与归属感③缺失密切相关。伴随经济发展水平的提高,人口流动的提速,农村"空心化"和城市拥堵化加剧,人们的归属感日益淡薄,尤其是在北京、上海、深圳这样的超大城市里,"北漂""沪漂""深漂"称呼的背后,不乏流动人口他乡漂泊的孤独和无奈④。而政府政策的最终归宿就是要增加社会福利,提升公民的归属感、幸福感。有身份才有归属,有归属才有幸福。从这个意义上说,政府主动改暂住证为居住证,承认流动人口的居民身份,无论着眼个体还是放眼社会,都有明显的进步性。

可是,换一个角度看,若将北京市流动人口持居住证享有的服务和便利与昔日"办哪些事需带暂住证"相比,则会发现除积分落户外,居住证与暂住证在小至证照办理大到随迁子女入学、居住服务诸方面差别不大,有些似同一问题的两种不同说法⑤。例如,在随迁子女入学问题上,过去强调的是办理子女入学事宜须带暂住证;现在突出的是持居住证可享子女入学的权利。不过,这种看似表述方式的变化,实则体现了政府流动人口管理、服务政策宗旨的转变——由以综治维稳为主转变为以强化属地服务、促进流动人口市民化为主。从这个角度而言,改暂住为居住,堪称点石成金。

与政策宗旨转变相对应,在政策设计上,居住证政策强调服务意识,凸显人性关怀。例如,为避免"多跑路、跑弯路、跑错路",北京市采取"一窗受理、集成服务、一次办结"模式,明确规定由公安机关"一条龙"地负责居住证申领受理、制作、发放、签注等工作。在受理申请的过程中,要求办理机构对材料齐全、符合要求的,要当场受理;

---

①　俞可平."新移民运动"——牵动中国社会的大变迁[EB/OL].(2010-05-01)[2024-01-06].http://theory.people.com.cn/GB/11734327.html.

②　陈刚,李树.政府如何能够让人幸福?——政府质量影响居民幸福感的实证研究[J].管理世界,2012(8):55-67.

③　归属感概念由亚伯拉罕·马斯洛率先提出,他认为归属感是社会成员把自己归属某一地域人群的心理状态,既有对自己社会身份的确认,也有对该地域的投入、喜爱和依恋等感情色彩。参见:张羽.80后"北漂"的生存状态研究[D].北京:中国青年政治学院硕士学位论文,2008:21.

④　同②。

⑤　一个从义务角度说,另一个从权利角度说。

对材料存在错误的,允许当场改正,改正后符合受理条件的,也应当场受理;对申请材料不全的,应一次性告知申领人需要补充的材料,以期实现"最多跑一次"的办事目标;对符合居住证申领条件的,公安机关自受理之日起 15 日内制作发放居住证,如遇特殊情况,可稍作延长,但延长时间最长不得超过 30 日;对地域偏远、交通不便、未满 16 周岁的未成年人和行动不便的老人、残疾人办证等特殊情况,予以适当通融、照顾;首次申领免收证件工本费,签注时亦不得收取手续费用。北京市还明文规定居住证承载的公共服务和便利不应仅满足于国务院文件所规定的基本条款,而且要积极创造条件,逐步扩大公共服务和便利的范围,提高服务标准。这些规定在一定程度上体现了政府由管理者向服务者转变的政策追求。

第三,突破户籍藩篱,为渐进式户籍改革提供铺垫,助推户籍制度改革,促进流动人口就地市民化。渐进式户籍改革并非只有积分落户一个路径,还有另一个制度路径,即通过居住证赋权摊薄户籍背后的福利,使户籍逐步失去权益性。积分落户与居住证赋权均可被视为我国新型城镇化背景下促进流动人口市民化的政策工具,但二者又有所不同。前者是为流动人口提供户籍上的市民身份、完整的市民待遇,后者旨在为尚未落户的流动人口提供属地服务,使其逐步享受准市民待遇,前者以后者为基础,是后者"赋权保障"基本功能的一个衍生,二者结合在一起构成了完备的流动人口属地服务体系。居住证是显见的属地服务凭证,积分落户是显见的户籍改革路径,但扩大居住证赋权等于变相减少户籍背后的权益,待到居住证与户籍蕴含的权益相等之时,就是权益性户籍失灵、退场之日。从这个角度说,居住证赋权何尝不是一种渐进式户籍改革?居住证赋权既为流动人口在流入地所必需,也是逐步突破户籍藩篱、促进基本公共服务均等化和流动人口就地市民化的关键之一。

第四,平衡价值理性与工具理性,既强调保障流动人口权益、消弭户籍制度带来的不公,也重视促进城市经济、社会健康发展等。居住证是户籍改革的过渡品,是城乡二元社会向一元社会转换的中介物。实施居住证政策,有利于缓解户籍改革中工具理性和价值理性偏废问题。涂一荣、鲍梦若指出,我国户籍改革难以脱困的原因在于政府改革取向上工具理性对价值理性的遮蔽,使改革手段与目的、效率与公平、经济增长与社会发展等价值失衡、割裂[①]。所受理性驱动不同,政府行为目标及表征也有所不同。在工具理性支配下,政府行为可被视为"目的合理性行动";在价值理性支配下,政府行为可被看作"价值合理性行动"。具体到户籍改革上,政府工具理性表征为重视投入、产出、成本和绩效,价值理性表征为重视公平正义、社会和谐、城乡整合、市场一体。由于理性失衡,两种目标未能统一,使既往改革并未触动户籍制度的根本,仅能视作应急性零碎敲打。居住证政策的出台一定程度上缓解了两种理性的失

---

① 涂一荣,鲍梦若.超越工具理性:我国户籍制度改革的实践反思[J].华中师范大学学报(人文社会科学版),2016(4):11-18.

衡,它既考虑到了人口登记管理、人口规模调控等工具需要,也关注到了自由平等、权利义务和公平效率等价值权衡。北京市居住证既接过暂住证负载人口登记功能的历史一棒,引导人口有序流动;又通过对居住在违法建设房屋或有违法居住行为的人口①不予办理居住登记等规定,扮演了防治违法建设、打击违法群租、调控人口结构等重要角色;还借积分落户留住城市想留住的人,为城市发展注入源头活水,这些都是追求工具理性的表现。与此同时,北京市居住证也致力于尊重流动人口的人格意志和生存需求,以个人贡献为基础赋予福利和权益,尽可能实现权利与义务的对等,致力于消弭户籍人口与非户籍人口之间的不公,避免流动人口内部出现新的不平等,这些都是追求价值理性的表现。通过管理与服务并重、工具理性与价值理性平衡,居住证政策旨在实现区域城市、微观个体以及社会整体的协同发展。

3.2　居住证政策的价值及限度

3.2.1　政策价值

居住证政策是北京市流动人口服务管理的基本政策之一,对推动北京市户籍改革,加强流动人口服务管理,促进流动人口城市融入和就地市民化有重要的价值和意义。

在户籍改革方面,居住证制度既以居住证为基础建立积分落户指标体系,为流动人口落户开通新的入口,又在户籍之外为流动人口赋权,逐渐突破户籍在权益分配上的限制,对户籍改革有渐进式推动作用。《居住证暂行条例》对不同人口规模城市的落户条件做出了明确规定。北京市作为常住人口总数超过2000万人的超大城市,按照中央政策要求,于2016年8月发布《北京市积分落户管理办法(试行)》,构建起以"4＋2＋7"为整体框架的积分落户政策。2018年4月,北京市颁布《北京市积分落户操作管理细则(试行)》(京人社调发〔2018〕64号),宣布从2018年4月16日起,正式启动首批积分落户申报工作,共有124657万人申报,最终按照同分同落户原则实际落户6019人②;2019年共有106403人申报,最终落户6007人③,为流动人口落户北京打开了新的大门。由于户籍制度根深蒂固,加之区域发展失衡,超大城市往往更具

区位优势和资源聚集效应,对流动人口吸附力更强,户籍改革更加艰难,一时很难敞开落户限制。在户籍藩篱短期内难以打破,基本公共服务均等化又势在必行的背景下,居住证成为兼顾二者的折中选择,赋予流动人口以"三项权利、六项便利和七项服务"①,打破户籍在福利上的限制,为流动人口享有属地服务另辟新路,变相降低了户口的"含金量",拉平了流动人口和户籍人口的权益差距;随着我国经济发展、社会进步,居住证被赋予的权益势必越来越多,与户口所含权益的差距越来越小,待二者差距彻底拉平之日就是权益性户籍失灵、退场之时。从这个角度来看,居住证亦属推进户籍制度改革的政策工具,只不过其对户籍制度改革的推动作用没有积分落户显见罢了。

在流动人口管理方面,作为暂住证"继承者"的居住证保留了基本的身份证明功能,其登载的信息便于属地政府全面、准确地把握本辖区内流动人口状况,为政府科学决策、有效治理提供了重要的前提和依据。北京市常住流动人口规模达 800 余万人,在常住人口总数中占比超过 1/3。这些流动人口由于常年在外务工经商,"人户分离"现象普遍存在,且成分复杂,犯罪率相对更高,推行居住证政策不仅便于政法部门掌握人口信息,防治犯罪,维护治安,而且有利于流动人口获得更高的社会支持、积累更多的社会资本,通过提高归属感和主人翁意识,实现更高标准的自我约束,从而减少越轨行为,缓解执法者与被执法者的紧张关系,促进社会和谐、稳定。同时,流动人口尤其是中低收入流动人口又是社会弱势群体,居住、随迁子女教育等服务缺位严重,实行居住证制度,有利于摸清流动人口底数,做好流动人口属地服务工作。同时,做好流动人口属地服务工作反过来又会促进流动人口属地管理。

在流动人口属地服务和社会融合方面,与暂住证不同,北京市居住证赋予了流动人口享有国务院《居住证暂行条例》规定的"三项权利、六项服务、七项便利",以及承租公租房、购买自住房、参与积分落户等权利,从制度上保障了流动人口新居民待遇,有利于其摆脱户口簿带来的层层限制,与本地市民一起分享城市发展成果,增强对流入地的认同感和归属感。

同时,居住证也有助于矫正本地居民与流动人口的偏狭、失衡心理。一方面,确有少数本地居民惯于把流动人口(尤其是农民工)与"素质低下""不文明""卫生脏、乱、差"画等号,歧视、排斥他们;另一方面,流动人口又常因觉得本地居民"高高在上",甚至"尖酸刻薄""自私自利"等,而自我边缘化,"惹不起,躲得起"。居住证政策在制度层面承认流动人口在流入地的居住(而非暂住)权,有利于减轻流动人口"污名化""边缘化",使其与本地居民相互宽容、接纳,彼此尊重,平等交往,携手创造"有共性的文化"②,推动北京市包容性增长与发展。

---

① 详见本书 3.1.2 小节"居住证政策的内涵及特征"。
② ALBA R, NEE V. Rethinking Assimilation Theory for a New Era of Immigration[J]. International Migration Review, 1997, 31(4):826-874.

3.2.2 政策限度

从北京市居住证政策及其实施情况来看,北京市居住证政策主要存在如下限度与不足。

第一,申领门槛偏高,程序烦琐,有碍流动人口登记管理和基本公共服务均等化。北京市从严解读《居住证暂行条例》规定的居住证申领条件,规定流动人口申领居住证,既要"已有"6个月以上在京居住时间,又须"还有"至少6个月以上、可证明的在京合法稳定就业或合法稳定居住预期。该门槛设置明显偏高。从横向来看,广州、武汉、成都、南京等市均未有至少6个月以上、可证明的合法稳定就业或合法稳定居住预期之类的规定。从纵向来看,同样被视为"以证管人"工具的暂住证政策曾规定,外地人员抵京后,应在3日内到其暂住地派出所申报暂住登记,其中,"离开常住户口所在地、拟在暂住地居住一个月以上年满16周岁的下列人员,在申报暂住户口登记的同时,应当申领暂住证"①,不仅申领门槛低,而且申领程序也很简便,工作单位、房东均可为流动人口代办暂住证。2011年,武汉市居住证申领条件与原暂住证十分相似:"年满16周岁的非本市户籍人员,因务工、经商、就学等拟在本市居住30日以上的,应当按照本办法的规定申请办理居住证。"②申领条件仅限年龄和很短的拟居住时间,对职业、住所、社保缴费和已住时间等一概不予要求,充分显示了武汉市"以更宽博的胸怀吸引优秀人才参与城市建设的姿态"③。就实施情况而言,武汉市并未因此出现所谓"不堪重负"。居住证政策强调属地服务,重视"以服务促管理",申领门槛由1个月升至双"6个月以上",可能会导致在置"6个月以下"流动人口于服务之外的同时,也将其排斥在属地管理之外,有悖于居住证强调属地服务管理责任、促进基本公共服务均等化等政策追求。

合法稳定居住、合法稳定就业作为申领居住证的前置条件,虽不乏现实必要性,却也因流动人口内部居住、就业等方面的显著差异而不尽合理。北京市流动人口规模庞大,内部学历分化明显,职业分布广泛,收入差距显著④,既有"高、精、尖"的知识分子,也有大字不识的。前者就业、居住相对稳定;后者工作变换频繁,依业而居,流动性较强,平均搬家次数显著高于户籍人口,且不乏跨区县搬家,以便靠近自身或家庭成员的工作地点。有研究发现,北京市流动人口平均搬家次数为1.29次,本地居民平均仅0.85次⑤。由于人力资本积累不足,难与高素质劳动者竞争,部分流动人

① 中华人民共和国公安部.暂住证申领办法(公安部令第25号)[Z].1995-06-02.
② 武汉市人民政府.武汉市居住证管理暂行办法(武汉市人民政府令〔2011〕第215号)[Z].2011-03-10.
③ 王岩.服务行政视野中的居住证制度研究[J].企业导报,2012(12):17-18.
④ 伍银芳,孔家兴.北京流动人口买房分析:70、80后在京5年以上[EB/OL].(2017-08-03)[2024-01-20].https://m.thepaper.cn/newsDetail_forward_1750315.
⑤ 齐心.北京市内流动人口迁居研究[J].北京城市学院学报,2012(4):17-22.

口常需通过更频繁的流动来寻求工作机会①,故而在就业和居住上呈现"非正规性"特征。翟振武等研究发现,北京市近半数流动人口自己做买卖或直接上门找工作,近半数依靠同村老乡、朋友或近亲介绍工作,通过用工单位招工或职业介绍所等渠道获得就业机会者很少;未与雇主签订劳动合同的流动人口占 67.2%,非正规就业特征显著。与此同时,其非正规居住特征也同样显著。居住在农民原建房和农民专门搭建的待租房者占 64.1%,居住在地下室、工棚、自建窝棚或工作场所的占 17.1%②,租住房屋不正规,不签租房合同。在人口调控的背景下,北京市在居住证申领上严守合法稳定居住、合法稳定就业等条件要求,很多流动人口都因如上非正规就业、非正规租住而被拒之门外,可他们恰恰又是最需要加强属地管理、服务的对象③。

为减少居住证申领门槛过高对流动人口登记管理的不良影响,《北京市办理暂住登记和居住证实施细则(试行)》规定,来京人员应当自到达本市之日起 3 日内,到居住地流动人口管理站申报暂住登记,领取居住登记卡。同时又规定,居住在违法建筑或者有违法居住行为的(所租住房屋是违章搭建或所租住房屋有人为隔断房间),不予办理居住登记。由此看来,居住登记卡虽能有效解决合法稳定居住的流动人口登记问题,但同样将非正规居住的流动人口拒之门外。

既要申办居住登记卡又要申领居住证,无论申报居住登记卡还是居住证,均需准备系列材料(详见表 3.2),程序繁复,既给流动人口和属地政府均带来不必要的麻烦,也会严重影响流动人口申领居住证的积极性。本课题组问卷调查结果显示,流动人口不拟申办居住证的占 34.5%,不拟申办居住证的首要原因就是"嫌麻烦"(详见表 3.3)。

表 3.2　申领居住登记卡、居住证应提供的材料④

申领居住登记卡应提供的材料	申领居住证应提供的材料
(一) 身份证明。本人居民身份证或居民户口簿或原籍公安机关出具的身份证明。 (二) 在京住所证明 1. 自有住房的:提供《房屋所有权证》或《不动产权证书》,尚未取得《房屋所有权证》或《不动产权证书》的,提供商品房买卖网签合同。	(一) 身份证明。本人居民身份证或居民户口簿或原籍公安机关出具的身份证明。 (二) 居住时间证明。持有已满 6 个月且在有效期内的《居住登记卡》或《暂住证》。 (三) 合法稳定就业、合法稳定住所、连续就读证明之一。 1. 合法稳定就业证明包括: (1) 加盖在京用人单位公章且有至少 6 个月以上尚未履行期限的劳动合同或聘用合同或劳动关系证明。 (2) 由本市工商管理部门核发的距经营期限届满不少于 6 个月的营业执照。

---

① 姚先国,宋文娟,钱雪亚,等.居住证制度与城乡劳动力市场整合[J].经济学动态,2015(12):4-11.
② 翟振武,段成荣,毕秋灵.北京市流动人口的最新状况与分析[J].人口研究,2007(2):30-40.
③ 谢宝富.论实行居住证积分入户制度应遵循的原则[J].理论与改革,2014(5):49-51.
④ 本表根据《北京市办理暂住登记和居住证实施细则(试行)》(京公人管字〔2016〕1337 号)整理而成。

续表 3.2

申领居住登记卡应提供的材料	申领居住证应提供的材料
2. 租住房屋的:提供在有效期内且记载有房屋详细地址、出租人和承租人双方姓名、居民身份证号码、联系方式、租赁期限的房屋租赁合同或协议。 3. 寄住或借住的:提供房屋所有人或户主出具的寄住或借住证明。 4. 居住在学校、医院、研究所等机关、企事业单位:提供加盖单位人事或保卫部门公章的居住证明。 (三)提交本人近期 1 寸白底正面免冠彩色证件照片1 张	2. 合法稳定住所证明包括: (1)自有住房的:提供《房屋所有权证》或《不动产权证书》,尚未取得《房屋所有权证》或《不动产权证书》的,提供商品房买卖网签合同。 (2)租住房屋的:租住居民房屋的,提供《房屋所有权证》或《不动产权证书》或商品房买卖网签合同的原件或复印件,以及尚有 6 个月以上租赁期限且记载有房屋详细地址、出租人和承租人双方姓名、居民身份证号码、联系方式、租赁期限的房屋租赁合同或协议;租住农村宅基地房屋的,提供房屋所有人居民户口簿首页和本人页的复印件,以及尚有 6 个月以上租赁期限且记载有房屋详细地址、出租人和承租人双方姓名、居民身份证号码、联系方式、租赁期限的房屋租赁合同或协议。 (3)居住在学校、医院、研究所等机关、企事业单位:提供加盖单位人事、保卫部门公章的居住证明。 3. 连续就读证明包括: (1)在本市小学、中学取得学籍并就读的,提供由所在学校出具的就读证明或本人学生证。 (2)在本市中等职业学校、普通高等学校和具有研究生培养资格的科研机构取得学籍并接受全日制学历教育的,提供由所在学校或科研机构出具的就读证明或本人学生证。 (四)本人近期 1 寸白底正面免冠彩色证件照片 1 张

表 3.3　北京市流动人口居住证申办情况及原因[①]

居住证办理情况	百分比/%	原　因	百分比/%
已办、正在办或准备办	65.5	为积分落户做准备	33.4
		办事便利	28.3
		享受公共服务	25.1
		遵循本地要求	9.3
		其他	3.9
不准备办	34.5	嫌麻烦	35.7
		自觉意义不大	23.2
		不符合条件	17.0
		不了解	13.5
		其他	10.6

① 表 3.3、表 3.5 均根据谢宝富、袁倩、田星雨、牟康辉、张亚楠编制的《北京市居住证积分落户问题调查统计表》(北京航空航天大学公共管理学院"北京市居住证积分落户政策研究"课题组藏,2018-08-30)整理而成。

第二,居住证赋权简略、模糊,梯度设置欠合理,在居住证与积分落户之间权益断裂明显,有碍加强流动人口属地服务管理、促进流动人口市民化功能的发挥。

首先,政策文本对居住证权益表述过于概括、简略。同为超大城市,上海市居住证政策逐一列举了六项基本公共服务和七项便利;深圳市在逐一列举九项基本权益和便利的基础上,列举了公共文化、就业扶持、社会救助、住房保障等其他权益以及残疾人等特殊群体应有的权益;重庆市逐一列举了五项权利、十项基本公共服务、九项便利;北京市仅重申了国务院《居住证暂行条例》的相关规定,未做具体的实施性解释(详见表3.4)。

表 3.4 北京、上海、深圳、重庆居住证权益的对比①

城　市	权益规定
北京	三项权益:依法享受劳动就业,参加社会保险,缴存、提取和使用住房公积金权益。 公共服务和便利:为持有人提供《居住证暂行条例》第十二条和第十三条规定的基本公共服务和便利
上海	三项权益:在本市享有劳动就业,参加社会保险,缴存、提取和使用住房公积金权益。 六项基本公共服务:义务教育;基本公共就业服务;基本公共卫生服务和计划生育服务;公共文化体育服务;法律援助和其他法律服务;国家和本市规定的其他基本公共服务。 七项便利措施:办理出入境证件;换领、补领居民身份证;机动车登记;申领机动车驾驶证;申报专业技术职称评定或者考试、职业资格考试;办理生育服务登记和其他计划生育证明材料;国家和本市规定的其他便利
深圳	九项权益和便利:申领机动车驾驶证、办理机动车注册登记和检验手续;申办普通护照、往来港澳通行证、往来台湾通行证及签注;申请职业技能培训补贴和职业技能鉴定补贴;申请基本公共医疗卫生服务;申请计划生育基本服务;申请免费婚前健康检查;申请基本殡葬服务补贴;申请开具居住证明及与身份相关的证明;市政府规定的其他权益。 其他权益:持证人符合市政府规定的居住年限、就业年限、社会保险参保年限等条件的,还可以依照有关规定享受公共文化、就业扶持、基本公共教育、社会救助、住房保障等方面的相应权益。 持证人为残疾人或者同住直系亲属为残疾人的,可按照国家和特区有关规定享受特区残疾人社会团体提供的残疾人康复治疗、教育培训、就业帮助等权益。 持证人符合市政府规定的居住年限、就业年限、社会保险参保年限等落户条件的,可以申请转为深圳市户籍居民。 持证人按照国家和特区有关规定,可以参加居住地社区组织,参与管理居住地经济文化事业和社会事务。 持证人可以到有关部门或者通过网络等方式申请相应的权益

① 本表根据《北京市实施〈居住证暂行条例〉办法》(北京市人民政府令 2016 第 270 号)、《上海市居住证管理办法》(沪府令 2017 第 58 号)、《深圳经济特区居住证条例》(深圳市第五届人民代表大会常务委员会公告第 171 号)、《重庆市居住证实施办法》(重庆市人民政府令 2016 第 306 号)整理而成。

续表 3.4

城　市	权益规定
重庆	五项权益:选举权和被选举权;参与有关公共决策和居住地社区事务管理;参加社会保险;缴存、提取和使用住房公积金;法律、法规规定的其他权益。 　　十项基本公共服务:义务教育;就业政策法规咨询、职业指导、职业介绍、创业服务、劳动人事档案管理服务、失业人员管理服务等基本公共就业服务;公共租赁住房保障;传染病防治、适龄儿童预防接种、孕产妇和儿童保健、健康教育、建立健康档案等基本公共卫生服务;免费计划生育技术服务;临时救助、疾病应急救助服务;法律援助和其他法律服务;乘坐市内公共交通工具的优惠服务;公共文化体育服务;国家和本市规定的其他基本公共服务。 　　九项便利:共同居住生活的子女可以接受义务教育和按规定就读普通高中、职业中学、民办中学,在居住地具有高中阶段连续就读三年学籍的,可以参加高考;参加本市职业(执业)资格考试、职业(执业)资格登记(注册),参加各类非学历教育、职业技能培训和技能鉴定,参加本市有关评选表彰;向本市有关部门申报科技成果并获认定、奖励及资助;取得当地居住证三年以上的适龄青年,可以在居住地应征入伍;申领机动车驾驶证、办理机动车登记等业务;申请办理普通护照、往来港澳通行证以及签注,申请办理往来台湾通行证以及签注;换领、补领居民身份证;办理生育服务登记和其他计划生育证明材料;国家和本市规定的其他便利

　　其次,居住证赋权体系欠完备。在获取家用轿车车牌、购买商品房及自住型商品房(简称自住房)、租住公租房和积分落户等方面,北京市采用的是以居住证为前提的合法稳定就业年限赋权或综合积分赋权模式,但赋权梯级设置和积分体系设计不尽合理。这主要表现在获取家用轿车车牌、购买共有产权房、承租公租房等权益的"含金量"有别,但门槛值却是"一刀切"。尤其是购买共有产权房、获取家用轿车车牌等与承租公租房等在权益"含金量"上差距较大,一律规定流动人口在京连续缴纳社保或纳税五年及以上方能参与摇号,缺乏渐进缓释,不尽合理。

　　在居住证和积分落户之间,虽有获取家用轿车车牌、购买自住房、租住公租房等高等级赋权,但最终能借此解决购车、买房、租房问题的人毕竟是极少数,相对于庞大的流动人口总数而言堪称凤毛麟角,在居住证和积分落户之间尚乏普惠且有分量的梯度赋权体系,赋权断裂相当明显。同时,居住证附着的普惠性权益也有边缘性特征,"三项权益、六项服务、七项便利"之类的服务与便利,与2017年国务院《"十三五"推进基本公共服务均等化规划》(国发〔2017〕9号)明确列出的涵盖公共教育等八大领域81个项目的服务清单相比,尚有一定的距离。在人口调控压力较大的北京市,积分落户虽赋权满满,却只能"小众"。例如,2018年,北京市首批积分落户共有124657人申请,仅占流动人口总数的1.6%,最终积分落户6019人[1],相对于794.3万[2]的常

---

[1]　李玉坤.北京积分落户公示名单公布,今年落户规模6000人[EB/OL].(2018-10-15)[2024-01-26].https://baijiahao.baidu.com/s? id=1614379643778739030.

[2]　北京市统计局、国家统计局北京调查总队.北京市2017年国民经济和社会发展统计公报[EB/OL].(2018-02-27)[2024-01-26].https://www.beijing.gov.cn/gongkai/shuju/tjgb/201802/t20180227_1838192.html.

住流动人口数①而言,落户比例不到万分之八,进阶人口堪称狭窄。2021 年,北京市共有 130111 人申请积分落户,仅占常住流动人口总数 834.8 万的 1.6%,最终积分落户 6045 人②,落户者不及当年常住流动人口的千分之一,人口仍然狭窄;且现行积分落户政策实质性排斥中低端流动人口,他们积分落户的可能性几乎为零③。在不少中低收入流动人口眼里,居住证赋权不足,积分落户又遥不可及。其间赋权体系断裂抑制了流动人口申领居住证的积极性,制约了居住证属地服务、管理功能的发挥。

第三,居住证福利负载薄弱,功能拓展不足,缺乏通用性,既难彰显促进流动人口属地服务管理的功能,也难实现摊薄户籍背后的福利、逐步突破户籍藩篱的功能。就实施情况而言,现行居住证政策的重心仍在信息采集与人口登记,福利赋予和权利保障方面进展较慢,以致居住证难免陷入"换汤不换药"的非议④。赵德余和彭希哲直言,从社会保障、收入、市场机会、就业歧视和住房条件等方面考察流动人口福利水平,会发现有无居住证,福利水平并无显著差异⑤。周星累调研发现,有部分受访者觉得"居住证根本没有用处或者完全没有用处"⑥。本课题组问卷调查结果显示,有 23.2% 的被调查者认为申领居住证"意义不大"⑦。原国家卫生计生委流动人口司司长王谦指出,流动人口关注的顺序首先是就业,接着是住房、子女教育、医疗卫生和社会保障⑧。其实,就业是凭本事吃饭,无就业,不"北漂"。若正规就业,社保、医疗则由"五险一金"解决;若非正规就业,由于岗位的临时性、易变性,年富力强的流动人口对社保、医疗也就不甚关心,唯有随迁子女教育和居住服务才是他们最为念兹在兹的。

"知识改变命运",教育不公会直接导致贫困代际传递⑨。在全国中小学教材和高考试题不尽统一的教育背景下,随迁子女若在流入地就读而返乡参加中考、高考,势必衔接不畅;返乡就读,又难免夫妻两地、骨肉分离⑩。一些超大城市看似较好地

① 2018 年积分落户启动时间是 2018 年 4 月,这个时点离 2017 年年底更近,且当时 2018 年常住流动人口数还未统计出来,故应用 2017 年的数据作对比。
② 陈旭.北京市 2021 年积分落户名单出炉 6045 人入围[EB/OL].(2022-07-12)[2024-01-26].https://baijiahao.baidu.com/s? id=1705069934516239243&wfr=spider&for=pc.
③ 杨菊花.浅议《居住证暂行条例》与户籍制度改革——兼论居住证与新型城镇化[J].东岳论丛,2017(3):58-66.
④ 马宁.居住证制度行政法研究[D].云南财经大学,2017:23.
⑤ 赵德余,彭希哲.居住证对外来流动人口的制度后果及激励效应——制度导入与阶层内的再分化[J].人口研究,2010(6):43-54.
⑥ 周星累.温州市流动人口居住证管理研究[D].福建农林大学,2017:30.
⑦ 谢宝富,袁倩,田星雨,等.北京市居住证积分落户问题调查统计表[Z].北京航空航天大学公共管理学院"北京市居住证积分落户政策研究"课题组藏,2018-08-30.
⑧ 卫生委.流动人口最关注就业问题 其次是住房教育等[EB/OL].(2014-11-18)[2024-01-26].http://politics.people.com.cn/n/2014/1118/c70731-26047000.html.
⑨ 褚宏启.城镇化进程中的户籍制度改革与教育机会均等——如何深化异地中考和异地高考改革[J].清华大学教育研究,2015(6):9-16.
⑩ 谢宝富.异地高考政策深层问题分析[J].安徽师范大学学报(人文社会科学版),2013(3):308-314.

落实了中央"两为主"政策(以流入地解决为主,以公办学校解决为主),但在异地中考、高考尚未实质性开放的情况下,实则满足的仅是随迁子女小学教育需求。而大规模开放异地中考、高考又势必遭到户籍人口的强烈反对,在有序开放异地中考、高考及初高中教育上,北京市尚有一段漫长的路要走。

家庭作为社会的基本细胞,其结构破裂和功能折损都将直接危及社会的生命活力,正如亨利·戴维·梭罗在《瓦尔登湖》中指出:"人类之所以想要一个家,想要一个温暖的地方,或者舒适的地方,首先是为了获得身体的温暖,更重要的是情感的温暖。"安居乐业是国人一以贯之的朴素追求,但在房价、房租高企的北京市,该追求对大多数中低收入流动人口而言却并不容易。中国社会科学院《北京流动人口在京购房状况研究报告》显示,仅14.6%的流动人口在京购买住房①,众多流动人口在北京挥洒青春热血却找不到一处哪怕几平方米的家。于是,他们有了一个共同的身份烙印——"北漂"。该称呼的背后不乏中低收入流动人口肉体的无从寄托和心灵的"无家可归"。本课题组问卷调查结果显示,37.2%的被调查者在北京从无"家"的感觉,38.7%的被调查者在北京"偶尔"会有"家"的感觉,常有"家"的感觉者不到24.1%②。众多流动人口尤其是中低收入流动人口为超大城市的发展做出了贡献,但超大城市暂时还无法回馈他们一个安稳的家。

此外,北京市居住证的功能拓展与其他省市相比也存在明显的差距。浙江省推广的IC卡式居住证功能涵盖行政管理、公共服务、金融服务、商业运用、企业管理等五大领域③;持东莞市居住证可享有公交优惠、小额贷款消费等服务;持重庆市居住证可享有临时救助、疾病应急救助等服务④。相比之下,北京市居住证功能单一,作用有限。

同时,居住证通用性差,省际、市际流动常需重新申领居住证;居住证虽有积分落户或积分赋权设计,却缺少跨区域指标赋权转移衔接机制,造成人力物力的无谓浪费,固化了流动人口市民化的区域,阻碍了人口自由流动和城市化进程⑤。

第四,违规"代办"时有发生,部分规定有欠合理。在居住证政策刚出台时,在违规"代办"方面,有报道称:"在某购物网站上搜索'北京居住证',出现了数十家相关商铺,'方便快捷、信息保密',大部分商家发布的宣传信息显示,2到3天可以办理居住登记卡。'800元的需要2到3天,1500元当天就可以拿卡了'。"⑥网上有商家公然

① 伍银芳,孔家兴.北京流动人口买房分析:70、80后在京5年以上[EB/OL].(2017-08-03)[2024-01-28].https://www.thepaper.cn/newsDetail_forward_1750315.

② 谢宝富,袁倩,田星雨,等.北京市居住证积分落户问题调查统计表[Z].北京航空航天大学公共管理学院"北京市居住证积分落户政策研究"课题组藏,2018-08-30.

③ 周星累.温州市流动人口居住证管理研究[D].福州:福建农林大学,2017:23-24.

④ 周宵鹏.居住证功能拓展受新莞人欢迎[EB/OL].(2012-02-25)[2024-01-28].https://news.sun0769.com/dg/video/201202/t20120225_1443421.shtml.

⑤ 黄静,甘念灵.我国居住证制度研究述评[J].管理观察,2017(23):50-52.

⑥ 周有强.北京居住证办理"一号难求"[N].工人日报,2016-10-25(1).

宣称,客户只需准备"身份证和一寸照片即可""其他的资料由我们为办理人准备",导致北京市公安局不得不在官方微博上提醒广大流动人口"代办"行为涉嫌违法,谨防上当受骗[①]。同时,部分政策规定不尽细致、合理。例如,对于有京籍配偶、在京有合法产权房、夫妻双方均在北京市工作的流动人口,在居住证申领及居住证有效期上未予适当倾斜;持工作居住证的流动人口需申领普通居住证后方可参与积分落户等也有繁复之嫌。凡此种种均使居住证缺乏应有的便民性。

与上海、深圳等超大城市相比,北京市居住证政策文本中的罚则最为简略。《上海市居住证管理办法》(沪府令 2017 第 58 号)第二十七条(指引条款)、第二十八条(行政责任)、第二十九条(提供虚假材料的法律责任)以及第三十条(法律救济),对行政机关、社会单位和公民申领居住证过程中可能遭遇的违规情形,予以了明确列举,并明确规定了相关罚则;按照"无救济则无权益"原则,规定了相关法律救济途径。《深圳经济特区居住证条例》(深圳市第五届人民代表大会常务委员会公告第 171 号)第六章详细列举了各类违规违法行为及其罚则。诸如,各类未申报、虚假申报或拒绝提供居住登记信息行为;将房屋出租给无身份证件人员居住行为;伪造、变造居住证或使用伪造、变造居住证行为;非法扣押居住证行为;泄露、买卖、违法使用非深户籍人员信息行为等。其处罚则以罚款为主,罚金从 200 元至 3000 元不等。同时,规定了法律救济措施,以保护申办单位及个人的合法权益。而《北京市实施〈居住证暂行条例〉办法》仅规定,有关单位和个人在《北京市居住证》的申领、使用、管理等活动中有违反《居住证暂行条例》和本办法规定的行为的,由公安机关和其他有关行政部门根据《居住证暂行条例》以及有关法律、法规、规章的规定,追究其法律责任,缺乏具体的实施性解释与规定。

第五,政策宣传不到位,流动人口对居住证了解不够,居住证申领率有待提高。本课题组问卷调查结果显示,北京市流动人口已申领、正在申领或准备申领居住证的约占 65.5%,尚有 1/3 以上流动人口不拟申领居住证。已申领、正在申领或准备申领居住证的主要原因是为积分落户做准备、办事便利、获得公共服务;不拟申领居住证的主要原因是嫌麻烦、自觉意义不大、不符合条件、不了解。其中,嫌麻烦尤显突出(详见表 3.3)。在政策知晓度上,有 31.6% 的被调查者表示"不了解"居住证政策,有 46.7% 的被调查者表示"部分了解",仅 21.7% 的被调查者表示"了解"。在是否接受过社区有关政策宣传上,有 86.6% 的被调查者表示"没有",仅 13.4% 的被调查者表示接触过[②]。政策了解程度与居住证申领的交叉分析结果显示,了解和部分了解居住证政策者已申领、正在申领或准备申领居住证的比例远大于不了解者,且越了解居住证政策,居住证申领率越高(详见表 3.5)。可见宣传不到位、流动人口对居住证政

---

① 赵凯迪,李禹潼. 网络高价代办居住登记卡　警方:不可信[N]. 新京报,2016-10-16(A08).

② 谢宝富,袁倩,田星雨,等. 北京市居住证积分落户问题调查统计表[Z]. 北京航空航天大学公共管理学院"北京市居住证积分落户政策研究"课题组藏,2018-08-30.

策不了解是妨碍其申领居住证的重要原因之一。

表 3.5　北京市流动人口居住证政策了解程度与申办居住证情况交叉分析表

项　目	分类及占比	居住证办理情况	
		不准备办占比/%	已办、正在办或准备办占比/%
政策了解度	不了解 (31.6%)	58.9	41.1
	部分了解 (46.7%)	28.8	71.2
	了解 (21.7%)	11.3	88.7

3.3　影响流动人口申领居住证意愿的关键因素

3.3.1　样本来源及特征

2017 年 6 月—2018 年 8 月,在北京市社科基金资助下,北京航空航天大学谢宝富、袁倩、田星雨、牟康辉、张亚楠等就北京市流动人口居住证积分落户问题进行了较大规模的问卷调查。该调查以线上问卷为主,约占 60%;现场问卷为辅,约占 40%。现场问卷调查地点包括北京市西城区、海淀区、东城区、朝阳区、昌平区、丰台区、房山区的商场、购物中心、地铁站口等人流密集地以及个别城中村;线上问卷调查覆盖东城区、西城区、朝阳区、海淀区、丰台区、石景山区、通州区、昌平区、房山区、顺义区等的数十家企事业单位。累计回收问卷 2124 份,剔除无效问卷后,有效问卷 2039 份,问卷有效率 96%,样本特征见表 3.6 所列[①]。

表 3.6　样本特征

特　征	分布情况
性别	男、女分别占 51.5%、48.5%
年龄	18~26 岁、27~36 岁、37~45 岁、46~55 岁、56~60 岁的分别占 30.2%、47.8%、17.9%、3.5%、0.6%
婚姻状况	不在婚者、在婚者分别占 50.9%、49.1%

---

① 谢宝富,袁倩,田星雨,等.北京市居住证积分落户问题调查统计表[Z].北京航空航天大学公共管理学院"北京市居住证积分落户政策研究"课题组藏,2018-08-30.

续表 3.6

特　征	分布情况
文化程度	高中(中专)以下、大专(高职)、本科、研究生分别占 7.2%、15.8%、51.9%、25.1%
职业	"低端管理、技术、生产、销售或服务人员""中高端管理、技术、生产、销售或服务人员""个体或私营老板""其他"分别占 16.9%、47.2%、7.6%、28.3%
月收入	5000 元及以下、5001～10000 元、10001～15000 元、15001 元及以上者分别占 17.9%、39.0%、20.5%、22.6%
居住时间	2 年及以下、3～6 年、7～10 年、11 年及以上分别占 24.6%、31.4%、19.1%、24.9%
居住方式	独立居住、与家人或对象同住、其他分别占 28.1%、49.5%、22.4%

由表 3.6 可见,本次调查对象的性别比例较均衡;年龄以 18～36 岁为主;学历本科及以下约占 75%;主要从事管理、技术、生产、销售或服务工作;月收入以 5001～10000 元最多,其次是 15001 元及以上和 10001～15000 元;在京居住时间 3～6 年居多,各时段相对均衡。这与北京流动人口成分多元、中低收入流动人口相对较多的情况大体一致。

3.3.2　变量说明

本研究的变量解释与说明见表 3.7。

表 3.7　变量含义及测度

变量名称		变量类型	变量含义及测度
北京市流动人口居住证办理意愿		二分类变量	不准备办=0,已办、正在办或准备办=1
个体特征	性别	二分类变量	女=0,男=1
	年龄	多分类变量	18～26 岁=1,27～36 岁=2,37～45 岁=3,46～55 岁=4,56～60 岁=5,其他=6
	婚姻状态	二分类变量	不在婚①=0,在婚=1
	文化程度	多分类变量	高中(中专)及以下=1,大专(高职)=2,本科=3,研究生②=4
	月收入	多分类变量	5000 元及以下=1,5001～10000 元=2,10001～15000 元=3,15001 元及以上③=4

① 将未婚、离异或丧偶合并为不在婚。
② 将硕士、博士合并为研究生。
③ 将 15001～20000 元、20001 元及以上合并为 15001 元及以上。

变量名称		变量类型	变量含义及测度
流动方式	居住方式①	多分类变量	独自居住＝1,与家人或对象同住＝2,其他＝3
	其他近亲属网络	二分类变量	无＝0,有＝1
属地服务需求	居住服务需求	多分类变量	不需要＝1,需要但不迫切＝2,迫切需要＝3
	就业服务需求	多分类变量	不需要＝1,需要但不迫切＝2,迫切需要＝3
	医疗卫生服务需求	多分类变量	不需要＝1,需要但不迫切＝2,迫切需要＝3
	子女教育服务需求	多分类变量	不需要＝1,需要但不迫切＝2,迫切需要＝3
城市禀赋感知	更高的生活质量	二分类变量	否＝0,是＝1
	更好的生活秩序	二分类变量	否＝0,是＝1
	户口式荣誉地位	二分类变量	否＝0,是＝1
	京户对后代发展重要	二分类变量	否＝0,是＝1
社会参与及融入	社区文娱活动参与度	多分类变量	没有＝1,偶尔＝2,经常＝3
	社会管理或服务参与度	多分类变量	没有＝1,偶尔＝2,经常＝3
	北京朋友的数量②	多分类变量	偏少＝1,一般＝2,偏多＝3
	在京"家"的感觉	多分类变量	没有＝1,偶尔＝2,经常＝3
	在京居住时长	多分类变量	2年及以下＝1,3~6年＝2,7~10年＝3,11年及以上＝4
	在京购房状况	多分类变量	不准备买＝1,准备买＝2,已买或正在买＝3
	定居意愿	多分类变量	回乡定居＝1,在京定居＝2,他地定居＝3
政策知晓度	社区宣传	二分类变量	无＝0,有＝1
	政策了解度	多分类变量	不了解＝1,部分了解＝2,了解＝3

3.3.3 研究假设

本研究的因变量是北京市流动人口居住证申领意愿。自变量包括个体特征、流动方式、属地服务需求、城市禀赋感知、社会参与及融入、政策知晓度等方面的因素。

本研究的总假设是个体特征、流动方式、属地服务需求、城市禀赋感知、社会参与及融入、政策感知度等因素对北京市流动人口申领居住证的意愿存在影响。具体假设如下。

① 独自居住者一般是个人流动,与家人或对象同住者常是家庭或准家庭式流动。

② 将很多、较多合并为偏多,将很少、较少合并为偏少。

1. 个体特征假设

H1:个体基本特征(包括性别、年龄、婚姻状况、文化程度、月收入)对北京市流动人口申领居住证意愿存在影响。

Stark 和 Taylor 指出,个体迁移行为受其文化程度、年龄、性别、婚姻状况等个体特征及家庭条件因素影响[1]。雷文斯坦在其人口迁移规律理论中明确指出,人们的迁移行为会受到性别、年龄等因素影响,且该影响存在差异性[2]。人口因素是探讨流动人口迁移、服务及管理等不可回避的基础性因素。

从北京市居住证给流动人口带来的权益和便利来看,绝大多数权益具有普适性,并无性别倾向,但性别是重要的人口学变量,会影响流动人口的行为决策,由于男性职场竞争力强于女性,男性在流入地持续工作的概率大于女性,其申领居住证的意愿可能比女性更强。但就传统观念而言,女性可借婚嫁实现"向上"流动,定居首都北京常被视为"向上"流动的一种方式,越想在京定居,越需要申领、持有居住证;且女性群体需要持居住证办理生育相关的登记或证明,因而女性也有可能比男性更愿意申领居住证。但事实是否如此,尚需通过计量分析结果来验证。故假设如下。

H1a:与女性流动人口相比,男性流动人口申领居住证的意愿较低。

雷文斯坦在其人口迁移规律理论中指出,青年人是迁移人口中的主力军[3],青壮年是最活跃的社会群体,且多"上有老,下有小",是儿童和行动不便老人的办事"代理人"、家庭事务的主导人和社会事务的广泛参与者,属地服务需求相对强烈,更需要申领、持有居住证,办理工作、生活、学习相关事宜。故假设如下。

H1b:青壮年流动人口居住证申领意愿高于其他年龄段的流动人口。

新经济迁移理论认为个体做出迁移行为与家庭因素密切相关[4],结婚是个人社会角色转换、走向身份多元化的重要节点,婚后住房、生育、子女教育等事宜接踵而至;相对非在婚者,在婚者对流入地服务需求由个体需求转为家庭式多元需求,更需申领、持有居住证以办理工作、学习和生活相关事宜。故假设如下。

H1c:与不在婚流动人口相比,在婚流动人口申领居住证的意愿更强。

通常情况下,公民受教育程度越高,"身份"和"权利"意识越浓,信息获取路径越广泛,政策解读能力及社会参与自觉越强,越能理解居住证是流动人口在京享受基本公共服务及便利、参与社会活动的重要凭证,是流动人口在京长期生活和工作不可或

---

① STARK O, TAYLOR J E. Migration Incentives, Migration Types: the Role of Relative Deprivation [J]. The Economic Journal, 1991, 101(408):1163-1178.

② RAVENSTEIN E G. The Laws of Migration[J]. Journal of the Statistic Society. 2015, 151(1385): 289-291.

③ 同②。

④ ODED S, DAVID E B. The New Economics of Labor Migration[J]. American Economic Review, 1985, 75(2),173-178.

缺的证件之一,因而流动人口受教育程度越高,其申领居住证的意愿理应越强。此外,流动人口受教育程度越高,越能在现代大城市获得更好的工作机会,居留稳定性胜于普通劳动者,更需申领居住证。故假设如下。

H1d:流动人口受教育程度越高,越愿意申领居住证。

在高房价、高房租、高消费的"三高"压力下,流动人口想要在北京长期居住、发展,就需具备必要的收入水平;流动人口收入越高,城市适应力越强,越会长期居留,越需要通过持有居住证获取相应的权益和便利,故假设如下。

H1e:流动人口收入越高,越愿意申领居住证。

2. 流动方式假设

H2:流动方式对流动人口申领居住证意愿存在影响。

与个体流动相比,家庭式流动成本更高,决心更大,回迁概率更小,对流入地基本公共服务的需求更大,因而申领居住证的意愿更强。迁移网络理论指出,因血缘等关系纽结而成的人际关系组合网络及其所隐含的社会资本与支持力量,对流动人口的迁移决策有促进作用[①]。盛亦男研究发现,以家庭形式长期稳定居住于城市的流动人口具有强烈的定居意愿,对各项社会服务的刚性需求促使其产生迫切的落户愿望[②]。流入地近亲属网络是流动人口的情感纽带与发展支撑之一,在流入地有近亲属者常能凭借亲缘网络获取更多发展机会,更好地融入流入地社会,更有可能长期居留,其申领居住证意愿理应更强。故假设如下。

H2a:与独自流动的流动人口相比,与家人或对象一起流动的流动人口申领居住证的意愿更强。

H2b:与在流入地无近亲属网络的流动人口相比,有亲属网络的流动人口申领居住证的意愿更强。

3. 属地服务需求假设

H3:属地服务需求度对流动人口居住证申领意愿存在影响。

流动人口是理性经济人,行为决策常取决于对更高效用的追求。他们需要流入地提供居住、随迁子女教育等服务,且常因此"以足投票"(因追逐更好的服务而流动)[③]。侯慧丽研究发现,流动人口流入城市的重要原因之一是被其更高水平的服务所吸引,若其获得了属地公共服务和便利,则更倾向于短期内定居下来[④]。人口迁移行为是迁出地与迁入地的推拉力共同作用的结果,而公共服务差别就是形成推拉力

---

① MASSEY D S. Social Structure,Household Strategies,and the Cumulative Causation of Migration[J]. Population Index,1990,56(1):3-26.

② 盛亦男.中国流动人口家庭化迁居[J].人口研究,2013(4):66-79.

③ 夏怡然,陆铭.城市间的"孟母三迁"——公共服务影响劳动力流向的经验研究[J].管理世界,2015(10):78-90.

④ 侯慧丽.城市公共服务的供给差异及其对人口流动的影响[J].中国人口科学,2016(1):118-125+128.

的动力源之一。居住是个体生活的基本需求,就业是人们维系生存、获得发展的主要途径之一,医疗卫生直接关系到个人生存安全,随迁子女教育关及后代生存、发展,虽非自身,却最是外出务工经商者的"心之所系"。所有这些均是与流动人口关系紧密的基础性服务,居住证即是流动人口获取属地服务的凭证,流动人口越需要属地服务就越会申领居住证。故假设如下。

H3a:流动人口对北京市提供的居住服务需求越强,申领居住证意愿越强。

H3b:流动人口对北京市提供的就业服务需求越强,申领居住证意愿越强。

H3c:流动人口对北京市提供的医疗卫生服务需求越强,申领居住证意愿越强。

H3d:流动人口对北京市提供的随迁子女教育服务需求越强,申领居住证意愿越强。

4. 城市禀赋感知假设

H4:城市禀赋感知对北京市流动人口居住证申领意愿存在影响。

所谓城市禀赋感知,即个体对流入地可能带来的预期收益及"拉力"的主观判断。劳动力迁移理论认为,预期收入是人们做出迁移决定的关键因素,预期收入不仅包含显见的物质性收入,而且包含难以量化的潜在福利性收益[1]。同时,推拉力因素理论也指出,迁入地的拉力因素对人口迁移行为有显著作用[2]。因而以预期收益及"拉力"的主观判断为内涵的城市禀赋感知可能会对北京市流动人口申领居住证的意愿有显著影响。北京是伟大祖国的首都,在发展前景、社会福利、公共服务、社会秩序等方面均有显著的比较优势和超凡的吸引力,该优势和吸引力会使流动人口渴望在京长居久住,进而需要申领居住证。故假设如下。

H4a:流动人口越自觉北京市生活质量更高,申领居住证意愿越强。

H4b:流动人口越自觉北京市社会秩序更好,申领居住证意愿越强。

H4c:流动人口越自觉北京户籍象征着荣誉和地位,申领居住证意愿越强。

H4d:流动人口越自觉北京户籍更有利于后代发展,申领居住证意愿越强。

5. 社会参与及融入假设

H5:社会参与及融入程度(包括公民社会参与度、社交网络、归属感、在京居住时长、在京购房情况及定居意愿)对流动人口申领居住证的意愿存在影响。

本研究的社会参与及融入侧重流动人口在京交往互动和个体观念认知,拟从公民参与、社交网络、城市归属感、定居意愿等角度进行考察。杨菊华发现,社会参与及融入程度反映流动人口被主流社会接受和适应流入地社会文化环境情况[3]。张鹏等

---

① TODARO M P. A Model for Labor Migration and Urban Unemployment in Less Developed Countries [J]. American Economic Review,1969,59(1):138-148.

② LEE E S. A Theory of Migration[J]. Demography,1966,3(1):47-57.

③ 杨菊华.从隔离、选择融入到融合:流动人口社会融入问题的理论思考[J].人口研究,2009(1):17-29.

认为,流动人口社会参与及融合程度越深,获取户籍、扎根城市的愿望越强[①],就会越愿意申领居住证。

在社会融入过程中,行为参与既是文化认同的前奏及前因,又是判断社会融入程度的指标之一;既表现为参与管理和服务,也表现为参与文娱活动等。故假设如下。

H5a:流动人口参与社区文化娱乐活动的频率越高,申领居住证的意愿越强。

H5b:流动人口参与社会管理或服务活动的频率越高,申领居住证的意愿越强。

Rozelle 等研究发现,流入地社会网络会影响流动人口的定居意愿[②][③]。何艳玲、郑文强研究发现,城市归属感是居住者对目标城市从属关系的认同情况[④]。才国伟、张学志发现,流动人口定居与否,取决于城市归属感的强弱[⑤]。城市归属感与幸福感相关,归属感越强,则幸福感越强。定居既是流动人口城市融入的先导,又是城市归属的终端。居住年限是影响其定居意愿的重要因素之一,流动人口在流入地居住年限越长,城市适应性越强,定居意愿越浓。若非旨在投资,则在流入地购房常可视为流动人口就地定居的重要标志。流动人口定居意愿越强,越需要申领居住证[⑥]。故假设如下。

H5c:流动人口结交北京本地的朋友越多,申领居住证意愿越强。

H5d:流动人口在京"家"的感觉越强烈,申领居住证意愿越强。

H5e:流动人口在京居住时间越长,申领居住证意愿越强。

H5f:流动人口在京购房意愿越强,申领居住证意愿越强。

H5g:流动人口在京定居意愿越强,申领居住证意愿越强。

6. 政策知晓度假设

H6:政策认知对流动人口居住证申领意愿存在影响。

政策认知因素可视为流动人口在流入地的政治参与,是公民身份认同的重要部分。居住证是流动人口的福音,居住证政策宣传越到位,流动人口对居住证政策越了解,申领居住证的意愿越强。故假设如下。

H6a:与未接受居住证政策宣传的流动人口相比,接受过居住证政策宣传的流动人口申领居住证意愿更强。

---

① 张鹏,郝宇彪,陈卫民.幸福感、社会融合对户籍迁入城市意愿的影响——基于 2011 年四省市外来人口微观调查数据的经验分析[J].经济评论,2014(1):58-69.

② ROZELLE S, TAYLOR J E, De BRAUW A. Migration, Remittances and Agricultural Productivity in China[J]. American Economic Review,1999, 89(2):287-291.

③ 周敏慧,魏国学.自我雇佣与已婚流动人口的家庭化迁移——基于 6 省 12 市调查数据的实证研究[J].中国人力资源开发,2014(3):106-111.

④ 何艳玲,郑文强."留在我的城市"——公共服务体验对城市归属感的影响[J].同济大学学报:社会科学版,2016(1):78-86.

⑤ 才国伟,张学志.农民工的城市归属感与定居决策[J].经济管理,2011(2):158-168.

⑥ 于越,刘畅,李国正.首都流动人口定居意愿及影响因素研究——兼论首都人口调控模式[J].管理现代化,2017(1):49-52.

H6b:对居住证政策了解程度越深,流动人口申领居住证的意愿越强。

3.3.4 模型构建

线性回归是回归分析的常用方法之一,但这类建模要求因变量是连续变量。本研究将流动人口申领居住证的情况作为因变量,选项设置以"已办、正在办或准备办"和"不准备办"居住证来区分,属二分类变量,不宜采用线性回归,而应选择对二分类因变量能做有效分析的常用方法——Logistic 回归,相关回归模型公式如下。

$$\text{Logit } P = \beta_0 + \sum_{i=1}^{p} \beta_i x_i$$

式中,P 表示申领居住证的概率,x_i 为影响申领居住证意愿的因素,包括个体特征、流动方式、属地服务需求、城市禀赋感知、社会参与及融入、政策知晓度等,β_0 为常数项,p 表示自变量的个数,β_i 表示第 i 个影响因素对申领居住证概率的影响程度。同时,以交叉表形式对因素内部在流动人口申领居住证意愿上存在的差异进行分析。

3.3.5 内部差异分析

对各自变量与因变量做交叉分析(见表 3.8)可知,在京流动人口申领居住证意愿的内部差异如下。

在个体特征方面:①男性与女性流动人口在申领居住证意愿上无明显差异。②流动人口申领居住证意愿与其年龄增长呈现倒 U 形关系,申领居住证意愿较强的流动人口的年龄在 27～45 岁,其中 37～45 岁的流动人口是申领居住证意愿最强的群体,达 82.9%。可能的原因是,27～45 岁的人在京已居住多年,呈现相对稳定的状态,与流入地多有密切联系,且该年龄段的人正处于育龄阶段,一般"上有老、下有小",社会角色多样,工作及生活事宜繁多,属地服务需求相对强烈,亟需申领居住证。③处于不同婚姻状态的流动人口,申领居住证的意愿差异明显,与不在婚的流动人口相比,在婚的流动人口申领居住证的意愿更强(达 76.7%)。原因大概在于在婚者家务较多,所需属地服务较多,因而更需申领居住证。④学历与申领居住证的意愿之间存在显著相关性,但与以往认知不同的是,申领居住证的意愿并未因学历的提高而明显增强;相反,大专及本科学历的人群申领居住证的意愿较高,分别达到 69.7%、68.1%。相比之下,研究生申领居住证的意愿较低。⑤居住证申领意愿与流动人口的月收入呈现明显的正向相关性,即收入越高,流动人口申领居住证意愿越强,月收入在 15001 元及以上的流动人口申领居住证的意愿最强(达 80.5%)。

在流动方式方面,与家人或对象同住的流动人口,申领居住证的意愿最强。在北京有其他亲属网络的流动人口,申领居住证的意愿更强。

在属地服务需求方面,流动人口居住、就业、医疗卫生、子女教育服务需求均与申领居住证的意愿显著相关,需求越强烈,申领居住证的意愿越强。

在城市禀赋感知方面,认为北京生活质量更高、社会秩序更好、北京户口是荣誉和地位的象征、落户北京对后代很重要的流动人口,申领居住证的意愿均更强。

在社会参与及融入方面:①社区文娱、社会管理或服务工作参与度越高的流动人口申领居住证的意愿越强,但差异并不显著。②结交北京本地朋友数量、在京归属感以及在京居住时长均与流动人口申领居住证意愿正向相关,流动人口京籍朋友越多,在京归属感越强,在京居住时间越长,申领居住证的意愿越强。③与不准备在京购房的流动人口相比,已在京购房或正在购房的流动人口申领居住证的意愿明显更强。④与拟回老家或其他地方定居者相比,拟在京定居的流动人口申领居住证意愿最强(77.8%),融入程度与居住证申领意愿有较明显的相关性。

在政策知晓度方面,流动人口对居住证政策了解程度越深,申领居住证的意愿越强,但社区政策宣传与其申领居住证意愿之间无显著相关性。

表3.8　北京市流动人口申领居住证意愿的内部差异

项　　目		分　　类	是否办理居住证		x^2
			已办、正在办或准备办占比/%	不准备办占比/%	
个体特征	性别	女	65.4	34.6	0.016
		男	65.7	34.3	
	年龄	18～26 岁	45.9	54.1	176.658***
		27～36 岁	71.9	28.1	
		37～45 岁	82.9	17.1	
		46～55 岁	66.2	33.8	
		56～60 岁	50.0	50.0	
		其他	28.6	71.4	
	婚姻状况	不在婚	54.7	45.3	109.204***
		在婚	76.7	23.3	
	文化程度	高中(中专)以下	63.3	36.7	18.396***
		大专(高职)	69.7	30.3	
		本科	68.1	31.9	
		研究生	58.1	41.9	
	月收入	5000 元及以下	47.0	53.0	119.662***
		5001～10000 元	61.1	38.9	
		10001～15000 元	73.5	26.5	
		15001 元及以上	80.5	19.5	

续表 3.8

项　目		分　类	是否办理居住证		x^2
			已办、正在办或准备办 占比/%	不准备办 占比/%	
流动方式	居住方式	独立居住	61.3	38.7	173.799***
		与家人或对象同住	78.0	22.0	
		其他	43.3	56.7	
	其他近亲属网络	无	62.9	37.1	7.120***
		有	68.5	31.5	
属地服务需求	居住服务需求	不需要	47.7	52.3	94.133***
		需要但不迫切	66.5	33.5	
		迫切需要	75.1	24.9	
	就业服务需求	不需要	61.8	38.2	9.800***
		需要但不迫切	66.2	33.8	
		迫切需要	70.7	29.3	
	医疗卫生服务需求	不需要	34.8	65.2	108.897***
		需要但不迫切	65.4	34.6	
		迫切需要	73.9	26.1	
	子女教育服务需求	不需要	35.9	64.1	230.832***
		需要但不迫切	62.6	37.4	
		迫切需要	80.3	19.7	
城市禀赋感知	更好的生活质量	否	62.6	37.4	13.201***
		是	70.5	29.5	
	更好的生活秩序	否	55.5	44.5	41.734***
		是	70.1	29.9	
	户口式荣誉地位	否	63.1	36.9	9.292***
		是	69.8	30.2	
	京户对后代很重要	否	48.4	51.6	101.561***
		是	72.1	27.9	
社会参与及融入	社区文娱活动参与	没有	63.5	36.5	3.804
		偶尔	66.7	33.3	
		经常	69.4	30.6	
	社会管理或服务参与	没有	64.0	36.0	3.538
		偶尔	67.4	32.6	
		经常	69.9	30.1	

项　目		分　类	是否办理居住证		x^2
			已办、正在办或准备办 占比/%	不准备办 占比/%	
社会参与及融入	北京朋友数量	偏少	56.7	43.3	30.785***
		一般	64.1	35.9	
		偏多	72.1	27.9	
	在京"家"的感觉	没有	55.1	44.9	71.686***
		偶尔	67.7	32.3	
		经常	78.0	22.0	
	在京居住时长	2 年及以下	40.6	59.4	214.946***
		3~6 年	66.0	34.0	
		7~10 年	75.6	24.4	
		11 年及以上	81.9	18.1	
	在京购房状况	不准备买	52.2	47.8	173.619***
		准备买	69.7	30.3	
		已买或正在买	84.7	15.3	
	定居意愿	回乡定居	51.8	48.2	145.711***
		在京定居	77.8	22.2	
		他地定居	52.9	47.1	
政策知晓度	社区宣传	无	64.9	35.1	2.472
		有	69.8	30.2	
	政策了解程度	不了解	41.1	58.9	288.180***
		部分了解	71.2	28.8	
		了解	88.7	11.3	

注：① 所有单元格具有的期望频数皆大于 5，所以直接进行卡方检验；

　　② *** 表示在 1% 的水平上显著。

3.3.6　回归分析

将个体特征因素作为基础解释变量构建基准模型 I，将流动方式、属地服务需求、城市禀赋感知、社会参与及融入，以及政策知晓度等因素逐项纳入模型[①]，以此来考察各组变量对流动人口申领居住证意愿的影响，见表 3.9。

---

　　① 在前文的交叉分析中，性别、社区文娱活动参与、社会管理或服务活动参与以及社区政策宣传等因素与流动人口居住证申领意愿无显著相关性，鉴于其分别是个人因素、社会参与及融入、政策知晓度方面的重要变量，为免遗漏，亦将其纳入回归模型中。

表 3.9　北京市流动人口申领居住证意愿的影响因素的回归分析结果

项目	变量/模型拟合指数	模型Ⅰ	模型Ⅱ	模型Ⅲ	模型Ⅳ	模型Ⅴ	模型Ⅵ
		Exp(B)	Exp(B)	Exp(B)	Exp(B)	Exp(B)	Exp(B)
个体特征	性别(ref=女)	0.812**	0.867	0.807*	0.826*	0.890	0.818
	年龄(ref=18~26岁)						
	27~36岁	2.075***	2.074***	1.861***	1.884***	1.685***	1.594***
	37~45岁	2.929***	2.799***	2.588***	2.419***	1.805**	1.715**
	46~55岁	1.314	1.440	1.688	1.453	1.030	1.076
	56~60岁	0.977	1.131	1.194	1.084	0.995	0.884
	其他	0.365	0.350	0.666	0.785	0.527	0.993
	婚姻状况(ref=不在婚)	1.505***	1.089	1.073	1.044	0.896	0.883
	文化(ref=高中或中专以下)						
	大专(高职)	1.090	1.125	1.084	0.999	0.855	0.842
	本科	0.960	1.022	0.918	0.826	0.696	0.630*
	研究生	0.544***	0.585**	0.439***	0.381***	0.288***	0.242***
	月收入(ref=5000元及以下)						
	5001~10000元	1.449***	1.310*	1.231	1.225	1.256	1.136
	10001~15000元	2.301***	1.889***	1.711***	1.627***	1.431I*	1.296
	15001元及以上	3.026***	2.480***	2.455***	2.500***	1.886***	1.813***
流动方式	居住方式(ref=独立居住)						
	与家人或对象同住		1.694***	1.529***	1.544***	1.455***	1.368**
	其他		0.610***	0.610***	0.633***	0.738**	0.800
	其他近亲属网络(ref=无)		1.178	1.187	1.169	1.058	1.033
属地服务需求	居住服务需求(ref=不需要)						
	需要但不迫切			2.142***	2.108***	2.352***	2.256***
	迫切需要			2.515***	2.402***	2.730***	2.631***
	就业服务需求(ref=不需要)						
	需要但不迫切			0.780*	0.797	0.836	0.775*
	迫切需要			0.837	0.849	0.927	0.933
	医疗卫生服务需求(ref=不需要)						
	需要但不迫切			2.429***	2.230***	2.238***	2.315***
	迫切需要			2.650***	2.426***	2.470***	2.660***
	子女教育服务需求(ref=不需要)						
	需要但不迫切			1.717***	1.637***	1.468**	1.511**
	迫切需要			2.735***	2.447***	2.175***	1.993***

续表 3.9

项目	变量/模型拟合指数	模型Ⅰ Exp(B)	模型Ⅱ Exp(B)	模型Ⅲ Exp(B)	模型Ⅳ Exp(B)	模型Ⅴ Exp(B)	模型Ⅵ Exp(B)
城市禀赋感知	更好的生活质量(ref=否)				1.088	1.053	1.042
	更好的生活秩序(ref=否)				1.351**	1.269*	1.207
	户口式荣誉和地位(ref=否)				0.843	0.850	0.940
	京户对后代很重要(ref=否)				1.717***	1.446***	1.401**
社会参与及融入	社区文娱活动参与(ref=没有)						
	偶尔					1.003	1.002
	经常					0.752	0.729
	社会管理或服务参与(ref=没有)						
	偶尔					0.765*	0.723**
	经常					0.715	0.714
	北京朋友数量(ref=偏少)						
	一般					1.227	1.120
	偏多					1.368*	1.126
	在京"家"的感觉(ref=没有)						
	偶尔					1.323**	1.240
	经常					1.180	1.133
	在京居住时长(ref=2年及以下)						
	3~6年					1.611***	1.442**
	7~10年					1.405*	1.240
	11年及以上					1.884***	1.671**
	在京购房状况(ref=不准备买)						
	准备买					1.184	1.101
	已买或正在买					2.135***	1.821***
	定居意愿(ref=老家)						
	北京					1.641***	1.646***
	其他地方					1.186	1.179
政策知晓度	社区宣传(ref=无)	0.905					
	政策了解程度(ref=不了解)						
	部分了解						2.718***
	了解						6.255***
模型拟合指数	常量	0.732	0.722	0.144***	0.109***	0.066***	0.058***
	−2对数似然	2363.798	2305.164	2121.066	2090.554	2004.202	1894.728
	Cox & Snell R^2	0.121	0.146	0.220	0.231	0.263	0.302
	Nagelkerke R^2	0.167	0.202	0.303	0.319	0.363	0.417

注：***、**、*分别表示在1%、5%和10%的水平上显著。

1. 个体特征对流动人口申领居住证意愿的影响

模型Ⅰ表明,北京市流动人口的个体特征影响其居住证申领意愿,但个别分变量对意愿的影响程度与假设存在偏差。具体而言,性别对流动人口申领居住证意愿存在显著影响,与男性流动人口相比,女性流动人口申领居住证意愿略高,后续加入模型Ⅲ、模型Ⅳ后仍有显著性,但加入模型Ⅱ、模型Ⅴ、模型Ⅵ后显著性消失。年龄对流动人口申领居住证意愿影响显著,与参照组18~26岁人群相比,27~45岁人群申领居住证的意愿最强,显著高于其他年龄段人群,分假设H1b成立。可能的原因是,27~45岁的流动人口一方面在京居住多年,已建立起一定的社会网络,积累了社会资源,居住稳定性更强,定居意愿更强;另一方面,该年龄段处于人生事业的建设期、巩固期,对北京发展平台及相关服务更依恋,需要持居住证办理的事情更多,故申领居住证的意愿更强。婚姻对流动人口居住证申领意愿亦影响显著,与不在婚人群相比,在婚流动人口申领居住证的意愿明显更高,概率约为不在婚人群的1.505倍,但后续加入模型Ⅱ、模型Ⅲ、模型Ⅳ、模型Ⅴ、模型Ⅵ后,显著性均消失。学历对居住证申领意愿存在影响,以学历为高中(中专)以下的流动人口为参照来看,大专(高职)学历的群体申领居住证意愿略高,但与假设相悖的是,随着学历进一步升高,居住证申领意愿有下降趋势,研究生学历的流动人口居住证申领意愿最低,这在一定程度上反映了低学历流动人口权益保障更缺位,更需凭借居住证获取属地服务和便利。收入对流动人口申领居住证意愿的影响尤为显著,收入越高,流动人口申领居住证的意愿越强,其间存在显著正相关关系,分假设H1e成立。综上可见,假设H1部分成立。

2. 流动方式对流动人口申领居住证意愿的影响

模型Ⅱ:在控制个体特征变量的基础上,纳入流动方式因素,考察其与北京市流动人口申领居住证意愿的相关性。结果显示,流动方式对流动人口申领居住证的意愿影响显著。与独自居住的流动人口相比,与家人或对象同住的流动人口(亦即以家庭或准家庭方式流动的流动人口)申领居住证的意愿更强,申领居住证概率约为前者的1.694倍,影响显著,分假设H2a成立。有无近亲属网络对流动人口申领居住证意愿的影响不显著,分假设H2b不成立。综上可见,假设H2部分成立。

3. 属地服务需求对流动人口申领居住证意愿的影响

模型Ⅲ:在控制模型Ⅰ和Ⅱ基础上,纳入属地服务需求因素,建立模型Ⅲ,结果显示,属地服务需求对流动人口申领居住证意愿存在影响。其中,居住、医疗及子女教育服务需求均影响显著,且与流动人口申领居住证意愿有显著的正相关关系,流动人口对该类服务需求度越高,申领居住证的意愿越强,分假设H3a、H3c、H3d成立;就业服务需求对流动人口申领居住证的意愿存在影响,但与前文假设不同,就业服务需求程度与居住证申领意愿之间存在较弱的负向关联。综上可见,假设H3部分成立。

4. 城市禀赋感知对流动人口申领居住证意愿的影响

模型Ⅳ:将城市禀赋感知因素纳入,构建模型Ⅳ。结果显示,城市禀赋感知对流动人口申领居住证有一定影响,但相关性较弱。认为北京社会秩序更好、京籍户口对后代发展很重要的流动人口申领居住证的意愿更强,分别为参照组的 1.351 倍和 1.717 倍,分假设 H4b、H4d 成立。但"认为在京生活质量更高""北京户口象征荣誉、地位"等因素对流动人口申领居住证意愿并无显著影响,与前文假设相悖。可见,假设 H4 部分成立,说明北京良好的秩序和更利于后代发展(尤其是后者)的特质才是流动人口真正在意的。

5. 社会参与及融入对流动人口申领居住证意愿的影响

模型Ⅴ:将社会参与及融入因素纳入,构建模型Ⅴ。结果显示,社会参与及融入对流动人口申领居住证的意愿具备一定影响。在京居留时长、在京购房意愿、定居意愿与流动人口居住证申领意愿存在显著正相关关系,即随着在京居住时间的积累、购房意愿的提升、定居意愿的增强,流动人口申领居住证的意愿明显上升,分假设 H5e、H5f、H5g 成立。但社区文娱活动参与度对申领居住证的意愿没有显著影响,与前文假设背离。社会管理或服务工作的参与度、北京朋友数量、在京"家"的感觉与居住证申领意愿之间虽有零星显著相关,但不具规律性,相关分假设不成立。综上可见,假设 H5 部分成立。

6. 政策知晓度对流动人口申领居住证意愿的影响

模型Ⅵ:将政策知晓度因素纳入,构建模型Ⅵ。结果显示,政策知晓度对居住证申领意愿有显著影响。流动人口对居住证政策的了解程度与其申领居住证的意愿之间显著相关,对居住证政策了解程度越深,申领居住证意愿越强,对居住证政策"部分了解"和"了解"的流动人口,申领居住证的意愿分别是"不了解"人群的 2.718 倍和 6.255 倍,足见差异之显著,分假设 H6b 成立;但与前文假设相悖的是,政策宣传对居住证申领意愿影响不明显,一定程度上反映了相关社会宣传之不足,分假设 H6a 不成立。综上可见,假设 H6 部分成立。

从表 3.9 中 Cox & Snell R^2 和 Nagelkerke R^2 数值的变化可见,随着变量组的逐步纳入,伪 R^2 数值呈递增趋势,说明模型拟合程度越来越好。在最终模型(模型Ⅵ)中可见,个体特征、流动方式、属地服务需求、城市禀赋感知、社会参与及融入,以及政策知晓度等因素均对流动人口申领居住证意愿存在一定影响。其中,个体特征中性别、年龄、婚姻状况、文化程度、职业、收入等均是影响流动人口申领居住证意愿的重要因素;流动方式中是否与家人或对象同住对流动人口申领居住证意愿影响显著;属地服务需求中居住、医疗及教育服务需求对流动人口申领居住证意愿的影响显著;城市禀赋感知因素中认为"北京秩序更好""落户北京对后代很重要"对流动人口申领居住证意愿的影响显著;社会参与及融入因素中,社会管理或服务工作参与度、在京居住时长、在京购房情况及定居意愿是对流动人口申领居住证意愿影响显著的因素;政策知晓度因素中,政策了解度与流动人口申领居住证意愿之间显著相关。

3.4　完善居住证政策的思路与建议①

3.4.1　降低申领门槛，简化申领程序

居住证申领门槛过高不仅会把不够条件的流动人口置于属地管理、服务之外，而且高门槛往往还意味着高福利，会使居住证成为另类"户籍"，因而居住证的申领条件应尽量低②，最佳前提条件是不设"前提条件"，否则居住证就和户籍"没有什么区别"了③。可是，在区域失衡严重、一线城市人口"磁铁效应"显著的背景下，若门槛太低、福利增长过快、权益分配失序，又会引发"洼地效应"，加剧"大城市病"。如何走出"两难"？建议从底层流动人口登记、管理、服务需要出发，尽力降低居住证的申领条件，但居住证只能直接附着证照办理、单位入职、成人高考、职业培训、公交优惠之类的基础性权益和便利，居住服务、随迁子女教育服务等分量较重的权益，应采用"居住证＋就业年限"为主的方式进行梯度赋权。赋予工作单位和房东以居住证代办权，减少人为麻烦，提升居住证申领率。

谈及居住证的申领条件，就很难回避非正规居住、非正规就业流动人口（简称"双非"流动人口）的居住证申领权问题。国务院《居住证暂行条例》规定的居住证申领条件是合法稳定居住、合法稳定就业等，北京市居住证政策禁止租住违法建设、群租房的流动人口申领居住登记卡、居住证；以合法稳定就业方式申领居住登记卡、居住证，须有合法有效的劳动合同、营业执照等。二者均不予非正规居住、非正规就业的流动人口以居住证申领权。本研究认为，若将居住证定性为获得基础性权益的依据和获得非基础性权益的前提，从加强流动人口服务、完善城市治理的角度看，应将城乡结合部与城区区别开来，给予城乡结合部非正规居住、非正规就业的流动人口以有限的居住证申领权。首先，城乡结合部非正规居住、非正规就业的流动人口是最难管理、最需要服务的流动人口，若将其置于居住证服务、管理体系之外，既会使流动人口登记、治安管理失去基本的"抓手"，也有碍基本公共服务"阳光普照"。其次，非正规居住、非正规就业在城乡结合部俯拾皆是，系历史遗留问题，绝非朝夕所能改变，且攸关

---

① 本研究仅对北京市现行居住证政策提出了局部的修改建议，未提全新的整体改革方案，若勉强草拟新方案，也主要是重复原方案，而局部变动又与本节中的建议重复，故未像积分落户部分那样草拟居住证政策的新方案。

② 王阳.居住证制度地方实施现状研究——对上海、成都、郑州三市的考察与思考[J].人口研究，2014（3）：55-66.

③ 发改委：已有 28 个省区市出台户籍制度改革的具体方案[EB/OL].（2016-04-19）[2024-01-29].http://politics.people.com.cn/n1/2016/0419/c1001-28288257.html.

中低收入流动人口、本地失地农民生存发展大计。既如此,就应正视现实,给予村庄存续期内几无安全隐患的既有违法建设以租赁权,允许特定范围内非正规就业的存在,给予非正规居住、非正规就业的流动人口以居住证申领权。最后,允许城乡结合部非正规居住、非正规就业的流动人口申领居住证,只要程序完善,一般不会导致失控现象。例如,规定城乡结合部非正规居住的流动人口须持与房主签订的租房合同,经村委会或居委会盖章认可后方可申领居住证;无照经营的流动人口须有村委会或居委会盖章认可的经营地点,涉及经营场所租赁的,还需签订租赁双方签字的租赁协议方可申领居住证;非正规就业的流动人口需持雇佣双方签字认可的劳动协议,经村委会或居委会盖章认可后,方能申领居住证。

　　谈及居住证的申领条件,还难回避以合法稳定就业方式申领居住证是否需要提供所租住房屋的产权证明问题。本研究认为,要求以合法稳定就业方式申领居住证者提供所租住房屋的产权证明既不合规,也无必要。国务院《居住证暂行条例》规定,流动人口在流入地"居住半年以上,符合有合法稳定就业、合法稳定住所、连续就读条件之一的,可以依照本条例的规定申领居住证。"《北京市办理暂住登记和居住证实施细则(试行)》规定,申领居住证需"持有已满 6 个月且在有效期内的《居住登记卡》或《暂住证》",提供"合法稳定就业、合法稳定住所、连续就读证明之一""合法稳定就业证明包括:①加盖在京用人单位公章且有至少 6 个月以上尚未履行期限的劳动合同或聘用合同或劳动关系证明。②由本市工商管理部门核发的距经营期限届满不少于 6 个月的营业执照。"均未涉及租赁房屋的产权证明,申领居住登记卡也只要求提供租房合同和租赁双方身份证号,未及住房产权证明。可见,要求以合法稳定就业方式申领居住证的流动人口提供租赁房屋的产权证明属违规之举。中央和北京市政策均未要求以合法稳定就业方式申领居住证的流动人口提供租赁房屋的产权证明,原因在于合法稳定就业已经证明流动人口在流入地做贡献、尽义务,属地政府理应回馈其以基本公共服务和便利,因而居住证明的重要性不免因之有所降低,为方便起见,不再要求其提供所租房屋的产权证明。同时,租房合同和租赁双方身份证等信息也为管理部门核查居住信息提供了依据。

　　鉴于工作居住证附着的权益和便利远胜于普通居住证,是流动人口更高层次的居住证。为方便起见,建议允许已申领工作居住证的流动人口径直用工作居住证参与积分落户,无需为积分落户而申领普通居住证。鉴于配偶是京籍人口且在京有住房的流动人口到外地工作的概率较小,已在京购房且夫妻双方均在京工作或子女在京接受义务教育或在京连续缴纳社保或纳税 5 年及以上的流动人口再次流动的概率同样较小,回归分析结果亦表明在京购房、以家庭的方式流动等因素均与流动人口申领居住证、参与积分落户的意愿显著正相关(详见表 3.9、表 4.9),建议将配偶是京籍且在京有住房的流动人口、在京购房且夫妻双方均在京工作的流动人口的居住证有效期由 1 年延长为 5 年,上述其他类型流动人口的居住证有效期由 1 年延长为 2～3 年,以减少不必要的麻烦。

3.4.2　建立以居住证为基础的流动人口梯级赋权体系

以居住证为纽带的常见梯级赋权体系有二：一是与居住证相关的证件梯级赋权体系（简称证件梯级赋权体系）；二是以居住证为前提，结合其他条件建立梯级赋权体系（简称条件梯级赋权体系）。前者先设立不同等级的证件，如居住证、工作居住证、人才居住证等，在此基础上赋予各等级证件以不同权益和便利。后者有两重含义：一是规定申领居住证，可获流动人口作为国家公民不管流动到国内何处都应享有的基础性权益和便利；二是以居住证为前提，以合法稳定就业年限为主要依据、参考居住年限等其他因素，或以积分高低①为依据，建立梯级赋权体系，确定流动人口享有非基础性权益和便利的多少。证件梯级赋权体系操作简便，但梯度有限，易致僵化，很难适应流动人口多元复杂的权益和便利需求，易将流动人口分成三六九等，造成内部分化与固化。以积分方式建立条件梯级赋权体系虽有利于择优留人，但操作不便，若"事事都靠积分，人人都去积分"，有关部门则会不堪重负，且积分制一般都难逃"掐尖"选优的宿命，难免使最需要基本公共服务"阳光普照"的流动人口反而见不到公共政策的"阳光"。建议采取以合法稳定就业年限为主，兼顾其他因素的办法，建立条件梯级赋权体系。

鉴于既要申领居住登记卡又要申领居住证，程序比较烦琐，以及获取家用轿车车牌、购买商品房和自住房、承租公租房等分量较重的权益需持居住证另加 5 年以上连续社保或纳税方可等做法，存在赋权梯级较少且不尽合理、关键权益虚化②等弊端，建议在废除居住登记卡、降低居住证申领门槛的基础上，规定流动人口申领居住证即可享有基础性权益和便利，但在随迁子女教育和居住等关键服务上应有所区别。

鉴于随迁子女教育和居住等关键服务向来为流动人口所重视，回归分析结果亦显示随迁子女教育服务、居住服务均与流动人口申领居住证意愿正向显著相关③，建议根据权利和义务对等原则，以合法稳定就业年限为主，结合居住、家庭等因素，建立梯级赋权体系。在随迁子女入学方面，建立如表 3.10 所列的梯级赋权体系。综合考虑城市承载力、流动人口需求、户籍人口利益等因素，确定随迁子女异地中考、高考招生指标④，以"居住证＋合法稳定就业年限"为主，参考其他情况，确定哪些随迁子女享有异地中考、高考的权利，有序开放异地中考、高考。

---

① 根据个人素质、就业、居住等标准进行积分。
② 连续 5 年以上才能参与摇号，且摇号命中的概率很小。
③ 详见表 3.9。
④ 根据人口调控需要设总量控制，以避免流动人口过度流入。

表 3.10　随迁子女入学条件及相应赋权

入学条件	相应赋权
父母一方持居住证,合法稳定就业 4 年以上,合法稳定租住 1 年以上,所租住房有空余学位。 　父母双方持居住证,合法稳定就业 3 年以上,合法稳定租住 1 年以上,所租住房有空余学位①。 　父母一方持居住证,合法稳定就业 1 年以上,居住在自有产权房内,该房有空余学位。 　父母双方持居住证,合法稳定就业半年以上,居住在自有产权房内,该房有空余学位	参与该房所在学区的电脑排位,解决入学问题
父母一方持居住证,合法稳定就业 2～4 年(不含),合法稳定租住 0.5～1 年(不含)。 　父母双方持居住证,合法稳定就业 1～2 年(不含),合法稳定租住 0.5～1 年(不含)。 　父母一方或双方持居住证,合法就业,居住在自有产权房内	区教育部门采用区内统一调剂、电脑排位等方式,安排公办正规学校解决
父母一方持居住证,合法稳定就业 1～2 年(不含),合法租住。 　父母双方持居住证,合法稳定就业半年以上,合法租住。 　父母一方或双方持居住证、合法就业、合法居住	市内统一调剂,电脑排位,安排公办正规学校解决。 　若公办正规学校无学位,则由市、区教育部门安排公办简易学校或合法民办学校解决

　　说明：① 表中居住证指北京市居住证,居住、就业指在本区居住、就业,自有产权房指本区自有产权房。

　　② 表中年限属虚拟,实际年限及其他入学条件视城市教育承载力和随迁子女教育需求而定。

　　在居住服务方面,北京市规定流动人口持居住证、连续缴纳社保或纳税 5 年及以上,可摇号购买自住房、承租公租房,且规定 30% 自住房和公租房须出售或租赁给流动人口。但自住房和公租房数量十分有限,相对于 800 余万常住流动人口而言,堪称杯水车薪。自住房的售价比商品房低 30% 左右,这对有机会且有能力的购买者当然是好事。自住房首付款不菲,交款时间短,有幸购买者需有一定的经济实力。这些幸运儿凭借在京连续 5 年及以上社保或纳税的履历,以"一日之巧"(摇号),获得比商品房便宜几十万、一两百万甚至三四百万的自住房,相对于没机会享有该保障的流动人口而言多少有些不公。在经济发展水平有限、区域经济发展欠均衡的背景下,地方政府多无力"普及"如此高水准的保障,也不宜"普及"该类保障,否则会导致难以应对的"洼地"效应。粗糙的保障不仅不会消弭社会不公,反而会加剧社会不公。

────────────

　　① 父母双方均在京合法稳定就业不仅比父母一方在京合法稳定就业贡献更多,而且定居意愿更强,回归分析结果亦表明家庭式流动与申领居住证、积分落户意愿之间均显著相关(详见表 3.9、表 4.9),理应在入学条件上与父母一方在京合法稳定就业有所区别。

在住房保障缺口巨大、财力有限、用地紧张且缺乏全国性统筹机制的背景下,应将超大城市流动人口住房保障定性为保障水准相对较低的"弱"保障,应细分对象、细化需求、细别地域,在不同地点建设不同类别的租赁房,有针对性地解决不同流动人口的居住问题。建议成立类似新加坡建屋发展局的国有保障房建设管理局,统筹全市保障房建设和运营工作。在城区主要建设类似高校学生公寓的集体宿舍以及管理到位的合法胶囊公寓,面向单身流动人口以准市场价出租。在城区边缘建设室内6平方米、15平方米左右的迷你单间、套间,面向丁克家庭或三口之家,以准市场价出租。鉴于房屋租赁经营相对简单、若干年土地使用权无偿划拨、以准市场价出租较易盈利等原因,建议集体宿舍、胶囊公寓、迷你单间及套间类公寓均由保障房建设管理局负责建设及运营,以免商人渔利。流动人口持北京市居住证、在北京市合法稳定就业半年及以上且在北京市无住房的,可摇号承租集体宿舍或胶囊公寓;持北京市居住证、在北京市合法稳定就业1年及以上且在北京市无住房的,可摇号承租迷你单间或迷你套间。在远郊卫星城,建设套内30~45平方米左右的小套间,租金比市场价低1/3左右,凡持北京市居住证、在京合法稳定就业5年及以上、在京无住房的流动人口均可摇号承租。为减少交通拥堵和居住隔离现象,城区流动人口公寓应在四面八方多点式建设,远郊卫星城也应在城区四周布局。为免城市建设"摊大饼",还须在卫星城与主城区之间保留足够的非城地带(如通风廊道等),建设直达轻轨或快速公交,保证上下班高峰期交通畅通。将城区产业疏解至卫星城,在卫星城实现职住平衡,彻底解决大城市病和"北漂"们的居住难题。

3.4.3 破除信息壁垒,拓展居住证功能

打破行业部门之间的信息壁垒,拓展居住证的功能,变"一证一能"为"一证多能",逐步实现省际、市际居住证政策的有序衔接。在居住证的功能拓展上,借鉴武汉[①]、杭州[②]、宁波[③]等地的"市民卡"做法,整合资源共享平台,建设统一、规范、与移动采集终端互联的人口信息管理系统,实现教育、住建、公安、交通、社保、卫生健康及民政等部门人口信息的互联互通,扩充IC卡式居住证的机读信息,实现政府服务、公用事业、商业金融等跨行业、跨部门信息共享。拓展居住证的服务功能(见表3.11),使其由"一证一能"变成"一证多能",成为名副其实的"一证通"。

---

① 陈桂龙."市民一卡通"提升市民幸福感[J].中国建设信息化,2018(13):48-49.
② 杭州市民卡有限公司.杭州市民卡助力数字杭州建设[J].中国建设信息化,2018(17):23-25.
③ 宁波市民卡服务中心.市民卡打造智慧宁波[J].中国建设信息化,2018(17):26-28.

表 3.11　居住证应拓展的功能事项

事　项	居住证可拓展的功能
政务服务	服务大厅办事；待遇领取；机动车检查；证照办理；简易事故处理等
便民服务	享受优惠；乘坐公交和轨道交通；公司及小区门禁；水电燃气费缴纳；汽车加油等
金融支付服务	现金存取；转账；小额贷款等
商业应用	买票；购物；充值等
通信服务	宽带业务、话费流量充值等
社会保障服务	医疗就诊；低保救济；社会保险；残疾人服务；保障房申请等
公共文化服务	图书借阅；景区游览；体育场馆使用等
企业或单位内"一证通"服务	员工考勤登记；出入识别以及内部消费等

通过以上功能负载，可望产生三重效果：一是便民利民；二是降低政府财政成本——可借加载金融支付功能，使居住证制作成本由银行替政府财政买单；三是提升行政效率，通过支持居住证多功能化建设的流动人口信息管理平台建设，可实现部门之间信息互联、共享、比对、鉴别，既有利于提升信息可信度和决策精准度，又可为就近办理和容缺办理（先办理后补缺）、减免多头办理和重复办理提供便利。

从长远来看，还应逐步推进省际、市际居住证的有效衔接，建立以身份证号为唯一标识、与身份证合一、全国统一的居住证制度①。居住证既然是流动人口的居住证，理应具有全国通用性，各地自行其是，令流动人口每到一个地方就需要换一次居住证，既增加了管理成本，给流动人口平添烦扰，也会造成人口登记失真、管理盲点和服务缝隙。从一地流动到另一地，一切从零算起，还会增加人口流动的成本，有碍人口自由流动。应加强区域合作和政策衔接，逐步提升居住证的通用性，实现证随人走，促进区域间公共服务均衡发展和流动人口全流程式服务、管理。

3.4.4　加大居住证政策宣传力度

鉴于政策了解度与居住证申领意愿之间显著正相关，了解、部分了解居住证政策的流动人口申领居住证的意愿分别是不了解该政策的流动人口的 6.255 倍、2.718 倍（详见表 3.9）；86.6% 的被调查者表示"没有"接受过所在社区的居住证政策宣传，仅13.4% 的被调查者表示接受过居住证政策宣传②，建议属地政府和社区切实加强居住证政策宣传工作。流动人口协管员、社区网格员应发挥熟人熟地、点多面广优势，

---

①　孙伟，夏锋. 以居住证制度取代城乡二元户籍制度的改革路径研究[J]. 经济体制改革，2018(4)：26-30.

②　谢宝富，袁倩，田星雨，等. 北京市居住证积分落户问题调查统计表[Z]. 北京航空航天大学公共管理学院"北京市居住证积分落户政策研究"课题组藏，2018-08-30.

零距离向流动人口宣传居住证政策;充分利用短视频、微博、微信、报纸、广播、电视等传媒,尤其是社区、广场、公交、地铁等中的电视或视频,滚动播放居住证的功能及申领程序。自上而下地落实宣传权责,将居住证申领率纳入政府绩效考核体系,使属地政府和社区认真对待居住证宣传及申领工作。完善倒查机制,加强执法检查,畅通并拓展投诉举报渠道,把蓄意造假行为纳入个人诚信档案。对于积极配合流动人口申领居住证的房主、用工企业,予以减免房屋租赁税等优惠,减少来自他们的阻力。推广小区预约上门办理居住证服务,切实提高居住证政策的知晓度和居住证的申领率①。

---

① 孙伟,夏锋.以居住证制度取代城乡二元户籍制度的改革路径研究[J].经济体制改革,2018(4):26-30.

第 4 章

北京市积分落户政策研究

2010 年以来,积分落户逐渐由农民工落户城市政策演变为超大城市解决存量流动人口落户问题的政策工具,受到中央高度重视。国务院《居住证暂行条例》规定超大、特大城市应根据城市综合承载能力和经济社会发展需要,以具有合法稳定就业和合法稳定住所、参加城镇社会保险年限、连续居住年限等为主要指标,建立积分落户制度。响应中央号召,2018 年北京市开始实施积分落户政策。经过多年实践,该政策在加强流动人口属地服务管理、促进流动人口市民化等方面发挥了重要作用,但也存在不少矛盾和问题亟待化解。

4.1 积分落户政策的缘起、内涵及特征

4.1.1 政策缘起

在计划经济时代,户籍因关及每个人的衣食住行、生老病死而被视为"中国第一证件"[1][2]。随着市场经济的发展,户籍制度越来越难适应我国经济、社会发展的需要。为突破户籍的藩篱,2009 年广东省中山市率先实施农民工积分落户制度,先后颁布《中山市流动人员积分制管理暂行规定》(中府〔2009〕113 号)、《中山市流动人员积分制管理实施细则(试行)》(中府办〔2009〕85 号)等文件,明确规定根据流动人口的积分分值,提供相应的公共服务和落户城镇机会,开启了我国户籍制度改革和流动人口属地服务管理的新局面。

2010 年,在中央促进符合条件的农业转移人口落户城镇的政策指导下,广东省先后颁布《关于实施扩大内需战略的决定》(粤发〔2010〕1 号)、《关于开展农民工积分制入户城镇工作的指导意见》(粤府办〔2010〕32 号)等文件,宣布在全省实施农民工积分落户政策。2011 年、2012 年,广东省相继发布《关于进一步做好农民工积分制入户和融入城镇工作的意见》(粤发〔2011〕17 号)、《实施珠三角规划纲要 2012 年工作计划的通知》(粤府办〔2012〕25 号)等文件,进一步完善积分落户指标体系、办事程序及配套措施,将积分落户的适用对象由农民工扩展到非本地户籍的流动人口。此后,宁波、南京、天津、武汉、成都、杭州等市纷纷效法广东省的做法,宣布实施积分落户政策,受到党中央、国务院的高度关注和肯定。

在地方先行先试的基础上,2014 年 3 月中共中央、国务院颁布《国家新型城镇化规划(2014—2020 年)》,要求"特大城市可采取积分制等方式设置阶梯式落户通道,

① 张国胜,陈明明. 我国新一轮户籍制度改革的价值取向、政策评估与顶层设计[J]. 经济学家,2016(7):58-65.

② 崔世海. 中国第一证件——户口簿[EB/OL]. (2006-02-13)[2024-01-29]. https://news.sina.com.cn/c/2006-02-13/15329088991.shtml.

调控落户规模和节奏"。同年7月,《国务院关于进一步推进户籍制度改革的意见》(国发〔2014〕25号)规定,城区人口300万～500万的城市可结合本地实际,建立积分落户制度;城区人口500万以上的城市应改进"现行落户政策,建立完善积分落户制度"。2015年12月,国务院颁布《居住证暂行条例》,规定城区人口500万以上的城市应因地制宜,以合法稳定就业、合法稳定住所、参加城镇社会保险年限、连续居住年限等为主要指标,建立完善的积分落户制度;城区人口300万～500万的城市可结合本地实际,建立积分落户制度。2019年4月,国家发改委印发《2019年新型城镇化建设重点任务》,规定城区常住人口100万～300万的Ⅱ型大城市要全面取消落户限制;城区常住人口300万～500万的Ⅰ型大城市要全面放开放宽落户条件,全面取消重点群体落户限制;超大、特大城市要调整完善积分落户政策,大幅增加落户规模,精简积分项目,确保社保缴纳年限和居住年限分数占主要比例。

与其他城市相比,北京市户籍制度改革显得格外审慎,积分落户政策出台周期长、落地节奏慢,自积分落户的提出到付诸实施历时约7年之久,小步慢走的审慎探索与流动人口满怀的落户愿景之间有着很大的落差。

2011年,北京市政协常委会《关于加快首都经济发展方式转变若干问题的建议》首次明确指出,"以科技贡献、专业技能、在京时间等指标,计算非京籍人才的积分,积分达标即可落户北京"①,拟将积分落户用于人才引进。此后,并无下文。2014年,在中央明确要求下,北京市成立了由市发改委人口处牵头的积分落户政策起草小组,草拟积分落户方案,多次组织相关部门领导、专家、学者就草案进行讨论。2015年12月,北京市颁布《北京市积分落户管理办法(征求意见稿)》,公开向社会征求意见。2016年8月,北京市政府办公厅颁布《北京市积分落户管理办法(试行)》(京政办发〔2016〕39号)。2018年4月,北京市人力资源和社会保障局等发布《北京市积分落户操作管理细则(试行)》(京人社调发〔2018〕64号),开放在线系统,接受流动人口积分落户申报,标志着北京市积分落户政策的正式实施。2020年7月,因应形势发展需要,北京市政府办公厅颁布《北京市积分落户管理办法》(京政办发〔2020〕9号),宣布终止《北京市积分落户管理办法(试行)》,对北京市积分落户政策方案做了适当的调整和完善。

4.1.2 政策内涵

积分落户是北京市遵循中央户籍制度改革精神,以综合性积分方式,为长期在京合法稳定就业、合法稳定居住、有意愿且有能力在京常住的流动人口增辟的落户通道。其主要内容如下:

---

① 邓海建."积分落户"又在消费"户籍红利"[N].中国青年报,2011-06-22(2).

第一,基础条款。旨在加强流动人口服务、管理,有序推进符合首都城市发展战略定位和经济社会发展需要、长期在京合法稳定就业、合法稳定居住的常住流动人口的落户工作,重点解决符合条件的普通劳动者落户问题;坚持"公平公正、总量控制、存量优先、有序推进"原则,统一申请条件、积分指标认定标准和审核管理程序,构建积分落户管理信息系统,实行网上申报,各部门联动审核,根据年度人口调控情况,动态调整落户分值及落户规模;建立公示制度,将拟定年度积分落户人员的积分信息向社会公示,公示通过后方可按规定程序办理落户手续;允许通过积分落户者符合计划生育政策的未成年子女随迁落户或投靠落户,配偶、父母及其他未成年子女按亲属投靠政策办理落户。此外,积分落户方案还规定了行政机关工作人员及申请人所在单位的相关责任及违规、违法后果。

第二,主体框架。北京市积分落户方案由"四项资格条件"、"两项基础指标"和"七项导向指标"构成,俗称"4+2+7"方案。"四项资格条件"是持北京市居住证、法定退休年龄以下、在京连续缴纳社会保险满7年及以上、无刑事犯罪记录,流动人口只有同时具备四项条件,方可申请积分落户;"两项基础指标"指以在京合法稳定就业、合法稳定居住为基础性积分指标,凸显北京市积分落户政策重在解决长期在京合法稳定就业、合法稳定居住的流动人口的落户问题;"七项导向指标"指教育背景、职住区域、创新创业能力、纳税、年龄、荣誉表彰、守法记录等,旨在凸显北京市积分落户服务首都功能定位、优化人口结构和人口布局、促进城市和谐发展的政策追求。详见表4.1。

表4.1　北京市积分落户资格、指标及分值①

资　格	指标大类	指标小类	具体指标及分值
1.持有北京市居住证 2.法定退休年龄以下 3.在京连续缴纳社会保险满7年 4.无刑事犯罪记录	基础指标	合法稳定就业	申请人与在京用人单位签订正式劳动合同并连续工作满1年及以上,或在京投资办企业并连续经营满1年及以上,或在京注册登记为个体工商户并连续经营满1年及以上;以连续缴纳社会保险年限作为合法稳定就业年限的计分标准,每连续缴纳社会保险满1年积3分
		合法稳定居住	申请人拥有取得本市房屋所有权证的自有住所;或签订正式房屋租赁合同,合法租赁符合登记备案、依法纳税等有关规定的住所;或居住在用人单位提供的具有合法产权的宿舍。申请人需连续居住满1年及以上。在自有产权住所每连续居住满1年积1分,在合法租赁住所和单位宿舍每连续居住满1年积0.5分。当连续居住年限多于缴纳社会保险年限,以连续缴纳社会保险年限作为连续居住年限

①　根据《北京市积分落户管理办法》(京政办发〔2020〕9号)编制本表。

续表 4.1

资　格	指标大类	指标小类	具体指标及分值
1. 持有北京市居住证 2. 法定退休年龄以下 3. 在京连续缴纳社会保险满7年 4. 无刑事犯罪记录	导向指标	学历	申请人取得国民教育系列及教育部认可的学历(学位)的,可获得相应的积分。具体积分标准为:大学专科(含高职)10.5分,大学本科学历并取得学士学位15分,研究生学历并取得硕士学位26分,研究生学历并取得博士学位37分。学历(学位)的认定以申请人获得的最高学历(学位)为准,不累计。只取得学历或学位的,可按照《北京市积分落户操作管理细则》有关标准获得积分。取得学历(学位)期间连续缴纳社会保险年限及连续居住年限的积分与学历(学位)积分不累计
		职住平衡	自2018年1月1日起,申请人在本市城六区(东城区、西城区、朝阳区、海淀区、丰台区、石景山区)之外其他行政区自有产权住所居住的,且取得落户资格后应当在该自有产权住所落户,每满1年加2分;满足上述条件且在本市城六区之外其他行政区工作的,每满1年加3分。以上情况,最高加12分
		创新创业	申请人在科技、文化领域以及创新创业大赛中获得国家级、本市市级奖项的,或国家有关部门认定的世界级奖项的,可获得相应加分。其中,获国家级或国家有关部门认定的世界级奖项的最高加12分,获本市市级奖项的最高加6分。 申请人在国家高新技术企业或科技型中小企业工作并持股比例不低于10%,且企业近三年获得股权类现金融资达到《北京市积分落户操作管理细则》有关标准的可加分,最高加6分。 上述创新创业指标各项加分不累计,同时符合多项加分条件的,只计最高分
		纳税	申请人近3年连续纳税,综合所得(包括工资薪金所得、劳务报酬所得、稿酬所得、特许权使用费所得)以及经营所得的个人所得税纳税额每1年在10万元及以上的,加2分,最高加6分。 申请人近5年有涉税违法行为记录的,每条记录减12分
		年龄	申请人年龄不超过45周岁的,加20分;年龄在45周岁以上的,每增加一岁(含不满1岁)少加4分
		荣誉表彰	申请人获得以下荣誉表彰之一的,加20分:被评选为省部级以上劳动模范;全国道德模范或首都道德模范;全国见义勇为英雄模范或首都见义勇为好市民。国家相关表彰另有规定的,按国家规定执行。以上情况积分不累计
		守法记录	申请人近5年在本市因违反有关法律法规被公安机关处以行政拘留处罚的,每条行政拘留记录减30分

4.1.3　政策特征

　　北京市区位优势明显,户口"含金量"十足,流动人口规模巨大、素质较高,城市交通、资源和环境压力很大,与其他城市相比,市情、民情有很大不同。该特殊性在北京市积分落户方案中自然会有所体现。北京市积分落户政策出台时间相对较晚,且系珠三角、长三角、天津、武汉等地积分落户政策相沿而来。因此,北京市积分落户政策与其他地区积分落户政策不免有共性亦有个性。共性特征在于彼此都是在维持现行落户通道基本不变的情况下,另辟专门通道,解决存量流动人口积分落户问题;变条件落户准入为积分落户准入;总量控制,有序推进;公开透明,相对公平公正等。个性特征如下:

第一,政策目标多元化,积分指标体系具有综合性特征。与深圳、成都、武汉等市不同,北京市未在专门针对人才类流动人口颁行条件准入落户政策之外,另行非人才类流动人口积分落户政策,而是以一套积分落户指标体系适用多类流动人口,因而积分落户指标体系更具综合性,政策目标更显多元化。

① 旨在落实中央推进城镇化政策的要求,着力解决在京长期合法稳定就业、合法稳定居住的流动人口的落户问题,促进其就地市民化。作为首都和超大城市,北京市虽有很大的人口调控压力,但该压力即使再大也不应成为推卸促进流动人口市民化的借口[1],故而解决合法稳定就业、合法稳定居住的流动人口的落户问题,理应成为北京市积分落户政策的首要目标。具体表现是北京市积分落户政策强调合法稳定就业、合法稳定居住两项积分指标的基础性地位,规定每连续缴纳社会保险满 1 年积3 分,在自有产权住所每连续居住满 1 年积 1 分,在合法租赁住所和单位宿舍每连续居住满 1 年积 0.5 分,大体上 4 年左右合法稳定就业、合法稳定居住所获分值即相当于获得大学本科学历及学士学位所获分值,且社保、居住类积分可累计至申请人退休为止。这既是对流动人口在京劳动积累和贡献的尊重,也是北京市践行中央推进超大、特大城市户籍改革政策精神的见证[2]。

② 旨在实现北京市人口调控目标。2015 年,《北京城市总体规划(2016 年—2035 年)》规定,2020 年以后,全市常住人口总量长期稳定在 2300 万以内,城六区(东城区、西城区、朝阳区、海淀区、丰台区、石景山区)常住人口争取控制在 1085 万以内,"大城市病"得到有效缓解[3]。尽管"管得住'户口',控不了'人口'",户籍对人口自由流动的控制功能早已松动,但北京市户口依旧十分有吸引力,若积分落户"开口"过大,对人口增长的刺激作用势必"立竿见影"[4],故而决策者不免慎之又慎,近几年均每年只给

---

① 陈婧.积分落户应合理公平[N].中国经济时报,2014-08-04(1).

② 《国务院关于进一步推进户籍制度改革的意见》(国发〔2014〕25 号)规定,对人口超过 500 万的特大型城市,国家要求"建立完善积分落户制度。根据城市综合承载能力和经济社会发展需要,以具有合法稳定就业和合法稳定住所、参加城镇社会保险年限、连续居住年限等为主要指标,合理设置积分分值。按照总量控制、公开透明、有序办理、公平公正的原则,达到规定分值的流动人口本人及其共同居住生活的配偶、未成年子女、父母等,可以在当地申请登记常住户口。"

③ 中共北京市委办公厅.中共北京市委关于制定北京市国民经济和社会发展第十三个五年规划的建议(2015 年 11 月 25 日中国共产党北京市第十一届委员会第八次全体会议通过)[EB/OL].(2015-12-08)[2024-01-30].https://www.beijing.gov.cn/zhengce/zhengcefagui/201905/t20190522_58897.html.

④ 张炜.对积分落户制度设计的几点思考[J].前线,2015(1):34-36.

6000个积分落户指标。为实现城六区常住人口争取控制在1085万人以内的硬性任务,2016年北京市积分落户政策方案规定,流动人口由城六区迁居本市其他区域的,每满1年加2分,最高加6分;若就业地和居住地均由城六区迁到本市其他区域的,每满1年加4分,最高加12分。2020年北京市积分落户政策方案不再强调转移前的就业和居住情况,规定自2018年1月1日起,申请人在本市城六区之外其他行政区自有产权住所居住,且取得落户资格后应当在该自有产权住所落户,每满1年加2分;满足上述条件且在本市城六区之外其他行政区工作的,每满1年加3分。以上情况,最高加12分。

③旨在优化北京市人口年龄结构,吸纳本市经济发展所需的科技、文化人才。截至2015年年底,北京市60岁及以上、65岁及以上户籍老年人口分别为313.3万、209.5万,分别占户籍人口总数的23.4%、15.6%,远超老龄化社会的国际通行标准——60岁及以上、65岁及以上人口分别占10%、7%[①]。截至2017年年底,北京60岁及以上户籍老年人口占户籍人口总数的24.5%,户籍人口老龄化程度居全国第二[②]。2022年,北京市60岁及以上户籍人口为414万,占总户籍人口的29%;比2021年增加25.7万,增幅为6.6%。65岁及以上户籍人口为301.8万,占总户籍人口的21.1%,比2021年增加22.6万,增幅达8.1%[③]。由此可见,北京市户籍人口老龄化问题之严重。由于合法稳定就业、合法稳定居住积分随年龄增长而增长,且可延续到退休为止,若不给年轻人以一定幅度的年龄加分,积分落户政策势必会加剧北京市本已严重的户籍人口老龄化趋势。因此,2016年北京市积分落户方案给予不超过45岁的申请人以20分年龄分。2020年北京市积分落户方案给予年龄不超过45岁的申请人以20分的加分;年龄在45岁以上的,每增加1岁(含不满1岁)少加4分。20分年龄分约等于在京合法稳定就业、合法稳定居住5年的积分之和,从而"使青年人在积分上具备一定优势"[④],为城市发展增添生机和活力。

北京是我国政治、文化、国际交往和科技创新中心,也是我国北方最发达的经济重镇,对相关领域人员的学历背景、专业修养要求较高。城市持续发展需吸纳符合其功能定位、发展方向、产业规划布局的优秀人才来创新创业[⑤],故而积分落户方案对大专以上学历的流动人口设置了不同分值的积分,且在高低学历学位之间设置了不

① 北京市老龄工作委员会办公室.北京市2015年老年人口信息和老龄事业发展状况报告[EB/OL].(2018-05-15)[2024-01-30].https://mzj.beijing.gov.cn/attached/file/20180515/20180515155018_125.pdf.

② 徐秋颖.北京民政局首次发布《北京市老龄事业发展和养老体系建设白皮书》[N].民主与法制时报,2018-10-30(4).

③ 北京市老龄工作委员会办公室等.北京市老龄事业发展报告(2022)[EB/OL].(2023-10-30)[2024-01-30].https://wjw.beijing.gov.cn/wjwh/ztzl/lnr/lljkzc/lllnfzbg/202310/P020231023507927451629.pdf.

④ 京华时报.北京非京籍常住人口2017年起可申请积分落户[EB/OL].(2016-08-12)[2024-01-30].https://beijing.qianlong.com/2016/0812/827985.shtml.

⑤ 李晓亚.城市积分落户制的合法性及作用分析[J].重庆科技学院学报(社会科学版),2017(8):27-30.

小的积分差距。同时,还专门设置了科技文化奖励指标、创新创业指标、纳税指标及分值,对在科技、文化领域取得突出成绩的申请人、国家高新技术企业的高管和核心技术人员、创业和创业中介服务人员以及纳税突出者,分别予以不同程度的加分,借以"保障城市发展对人力资源的需要"①。诸如,申请人获国家级奖项,最高加 12 分;获北京市市级奖项,最高加 6 分。申请人在国家高新技术企业或科技型中小企业工作并持股比例不低于 10%,且企业近三年获得股权类现金融资达到《北京市积分落户操作管理细则》有关标准的可加分,最高加 6 分。申请人近三年连续纳税达到一定标准者,最高可加 6 分等。

④ 旨在加强流动人口管理,改进社会秩序,提升城市文明水平。北京户口对流动人口深具吸引力,"任何一个来北京闯荡的人其实内心都会希望获得落户的资格"②,这就为北京市通过设置导向性积分指标,引导、规范流动人口行为提供了可能。北京市将无刑事犯罪记录视为流动人口申请积分落户的前提条件之一;规定申请人近五年在本市因违反有关法律法规被公安机关处以行政拘留处罚的,每条行政拘留记录减 30 分,申请人近五年有涉税违法行为记录的,每条记录减 12 分,旨在引导流动人口遵纪守法;规定申请积分落户者须持本市居住证,租房时只有签订正式房屋租赁合同,合法租赁符合登记备案、依法纳税等有关规定的住所,才能获得合法稳定居住积分,旨在强化流动人口和出租房登记管理;规定被评选为省部级以上劳动模范、全国道德模范或首都道德模范、全国见义勇为英雄模范或首都见义勇为好市民的,可获 20 分加分,旨在弘扬社会主义核心价值观,促进流动人口勤劳守善、勇于担当,借以提升城市文明水平。此外,北京市积分落户政策还将连续缴纳社保 7 年及以上作为申请积分落户的前提条件之一,规定缴纳社保每年可积 3 分,且可累计积分至退休为止,借以提升流动人口参保意识,提升社会保险的普及率③。

第二,强调合法稳定就业、合法稳定居住积分的基础而非主导地位。为解决长期在京稳定就业、居住的流动人口落户问题,北京市积分落户政策设置了两个基础性指标——合法稳定就业、合法稳定居住,规定申请人与在京用人单位签订正式劳动合同,或在京投资兴办企业,或在京注册登记为个体工商户,且连续工作或经营满 1 年及以上;以连续缴纳社会保险年限作为合法稳定就业年限的计分标准,每连续缴纳社会保险满 1 年积 3 分。在自有产权住所每连续居住满 1 年积 1 分,在合法租赁住所(符合登记备案和纳税等有关规定)和用人单位提供的具有合法产权的宿舍每连续居住满 1 年积 0.5 分。在分值设计上,合法稳定就业的分值高于合法稳定居住,体现了

---

① 《北京市积分落户管理办法(试行)》的解读[EB/OL].(2017-02-14)[2024-01-30]. http://www.cnrencai.com/zengche/616231.html.

② 银昕.北京"积分落户"意见稿出台已半年,为何迟迟没行动?[J].中国经济周刊,2016(29):49-51.

③ 陈景云.流动人口积分制管理的价值、限度与展望——以深圳市为例[J].岭南学刊,2014(1):42-49.

尊重"劳动积累"①的政策追求。无论合法稳定就业积分,还是合法稳定居住积分,均可累计至申请人退休为止。若申请人在京合法稳定就业和居住 10 年及以上,则其就业、居住积分之和可超过或接近积分指标体系中单项最高积分——博士学历及学位积分 37 分。与珠三角等地早期积分落户政策重学历和技能积分、轻合法稳定就业和合法稳定居住积分确有较大区别,体现了北京市对中央户籍制度改革精神的遵循。

不过,若将学历、年龄、职住平衡、创新创业、纳税、荣誉表彰等导向分加入,则可发现合法稳定就业、合法稳定居住两项积分在北京市积分落户指标体系中虽有基础性地位,但仍未占据主导地位,离中央完善超大城市积分落户政策,"确保社会保险缴纳年限和居住年限分数占主要比例"②的政策要求,尚有不小的距离,呈现出由传统积分落户③向新兴积分落户④过渡的鲜明特征。

第三,重视不同类别积分落户指标之间的赋分平衡,以免积分落户指标向高学历者过度倾斜,一定程度上体现了对中央相关政策要求的遵从。北京市积分落户政策只认学历、学位,不认职称、技能,且在对学历、学位进行赋分时,力求保持就学与合法稳定就业、合法稳定居住之间的积分平衡,即就学一年的积分与合法稳定就业、合法稳定居住一年的积分大体相同。假设申请人高中毕业后即在京合法稳定就业、合法稳定居住,若住在自有产权房,合法稳定就业、合法稳定居住每年共积 4 分,10 年可获 40 分;若合法稳定租住,则合法稳定就业、合法稳定居住每年共积 3.5 分,10 年可获 35 分。假设申请人高中毕业后选择升学而非就业,且一直读到博士毕业,一般需10 年以上,通过研究生毕业并取得博士学位可积 37 分,加上只认学历、学位不认职称、技能等因素,理论上⑤确实体现了就学与合法稳定就业及居住之间的赋分平衡,以免积分落户指标向高学历、高职称者过度倾斜,与广州、深圳、上海等市早期积分体系⑥重视学历、职称、技能相比确有较大区别。不加区别地认为北京市积分落户政策

① 张炜. 对积分落户制度设计的几点思考[J]. 前线,2015(1):34-36.
② 中共中央办公厅,国务院办公厅. 关于促进劳动力和人才社会性流动体制机制改革的意见[EB/OL].(2019-12-25)[2024-01-30]. http://www.gov.cn/zhengce/2019-12/25/content_5463978.htm.
③ 以不强调合法稳定就业、合法稳定居住积分的主导地位、积分指标体系冗繁的 2009 年中山市积分落户方案为代表。
④ 以强调合法稳定就业、合法稳定居住积分的主导地位、积分指标体系简约的深圳、广州、武汉、成都等的现行积分落户方案为代表。
⑤ 该理想状态是高中毕业生来京工作一直都交社保,一直合法稳定居住。
⑥ 例如,广州市 2010 年积分落户政策将初审积分定为 85 分以上,深圳市 2010 年将积分落户限制在 100 分以上,这样的高分对绝大多数农民工而言可谓遥不可及,对高学历者却非常容易,拥有硕士、博士学位,单项积分即分别高达 80 分、100 分。上海市 2013 年将居住证积分的标准分值定为 120 分,拥有硕士、博士学位,单项积分分别高达 100 分、110 分。

与上海、广州、深圳等的早期积分体系一样"偏爱"高学历者①,是值得商榷的。

此外,北京市还强调年龄积分和合法稳定就业、合法稳定居住赋分之间的积分平衡。由于将合法稳定就业、合法稳定居住作为基础性积分指标,因而赋予合法稳定就业、合法稳定居住每满 1 年积 3.5 分或 4 分,且可一直累计积分到退休为止。在积分落户指标高度稀缺的背景下,该做法会导致年纪越长,积分落户越占优。年长者越占优,越会加剧户籍人口老龄化趋势,有碍人口结构优化和经济发展,因而 2016 年北京市积分落户方案给予不超过 45 岁的申请人以 20 分年龄分;2020 年北京市积分落户方案给予不超过 45 岁的申请人以 20 分年龄分,超过 45 岁的,每增加 1 岁(含不满 1 岁),少加 4 分。只是,如此年龄分设计与中央"确保合法稳定就业和合法稳定居住为主要积分落户指标"的政策要求似有一定的背离。

第四,积分落户门槛高、指标少。作为首善之区和国家经济重镇,北京市就业机会多,公共服务好,社会秩序佳,户口"含金量"高。在不少流动人口看来,即便不能落户北京,在京就业所获收入和提升机会仍大于在许多其他城市所获的"收入和户籍福利之和"②,这就使北京市有条件设置较高的积分落户门槛,而"大城市病"严重、人口调控的"压力山大"又决定了北京有必要设置较高的积分落户门槛。因此,北京市规定流动人口在京连续缴纳社会保险满 7 年及以上方可参加积分落户,比其他超大城市积分落户的门槛高出不少。例如,《广州市积分制入户管理办法》(穗府办规〔2020〕11 号)规定,流动人口在穗缴纳社保满 4 年可参加积分落户。《深圳市积分入户办法(试行)》(深发改规〔2017〕1 号)规定,流动人口依法按时参加深圳市社会养老保险满 5 年方可参加积分落户。《成都市居住证积分入户管理办法(试行)》(成办发〔2017〕51 号)规定,流动人口需在成都连续缴纳城镇职工基本养老保险和城镇职工基本医疗保险 5 年以上方可参加积分落户。2017 年天津市积分落户办法规定,流动人口在津连续缴纳社保满 1 年方可参加积分落户③。《武汉市积分入户管理办法(试行)》(武政规〔2017〕23 号)仅规定流动人口只要在武汉"参加本市社会保险"即可申请积分落户。无论缴纳社保时长还是其稳定程度,北京市积分落户政策均堪称全国之最。

之所以设置如此严苛的缴纳社保条件,原因大抵在于:①推进农村城镇化和流动人口市民化的宗旨是把符合条件的农民转为能够在城市自食其力的市民,而非把不符合条件的农民变为"城市贫民"④。连续缴纳社保时间越长,意味着流动人口在京

---

① 例如,有分析指出,就京、沪、穗、深积分落户方案来看,北京市最看重的是受教育程度,占比高达 27%;上海市将职业技术等级排在第一位,其次是受教育程度和荣誉奖励,这三项相加,占比近 50%;广州市看重的是受教育程度和职业技术等级,两者相加,占比为 75%;深圳市将受教育程度、职业技术等级和纳税排在同等重要的位置(第一),三者相加占比超过 54%。显然,对于普通农民工来说,京、沪、穗、深的门槛更高(参见:刘林平,雍昕,唐斌斌.中国城市化道路的反思——以积分制度为例[J].新视野,2017(6):48-54)。

② 杨永磊.农民工"积分落户"与"人地挂钩"协同推进研究[J].上海经济研究,2016(2):64-71.

③ 2017 天津积分落户需要满足什么条件? 各项注意事项[EB/OL].(2017-05-05)[2024-01-30].http://www.sohu.com/a/138411370_621332,2017-05-05.

④ 李克强.关于调整经济结构促进持续发展的几个问题[J].求是,2010(11):3-15.

谋生能力、城市适应能力越强,劳动积累和城市贡献越大,越应落户定居,成为本市市民。②在诸多常住流动人口管理信息系统中,唯有社保缴纳信息相对全面、准确①,以连续缴纳社保 7 年及以上为底线,可清晰地判断流动人口申请积分落户的可能规模,从而把有资格申请的流动人口限制在相对较小的盘子里②,以减轻有关部门的积分落户工作量,该工作思路符合积分落户适当从简的原则要求。③流动人口有较长的养老保险、医疗保险等为依托,可有效降低其就地市民化成本,减轻本地政府推进城市化进程的经济负担。

北京市积分落户不仅门槛最高,而且落户指标十分有限。自 2018 年政策施行以来,北京市每年积分落户指标仅有 6000 个,而广州市的积分落户指标由 2018 年的 7000 个扩大到 2023 年的 1.5 万个,深圳市积分落户指标虽控制在 1 万个/年,但该部分指标主要用于解决在深圳合法稳定居住和合法稳定就业的普通劳动者的落户问题。再从各市落户政策体系来看,广州市、深圳市的人才落户门槛均比北京市低得多。《深圳市人才引进实施办法》(深人社规〔2016〕22 号)规定,普通高等教育本科以上学历且年龄在 45 岁以下的或专科以上学历且年龄在 35 岁以下的流动人口,身体健康、在深圳依法缴纳社会保险、符合本市计划生育相关规定、未参加国家禁止的组织及活动、无刑事犯罪记录,可申请办理人才引进落户。由此可见,深圳市人才引进落户门槛较低。积分落户不过是深圳市专门针对 46 岁以上本科生、36 岁以上专科生和高中、中专以下学历者的落户通道,而非流动人口落户的“主渠道”。2020 年6 月,《广州市引进人才入户管理办法》(穗府办规〔2020〕10 号)规定,40 岁以下具有国内普通高校全日制大学本科学历并有学士学位或具有国(境)外学士学位或具有中级职称的人员,45 岁以下具有硕士研究生学历或具有硕士学位的人员,50 岁以下具有博士研究生学历,或具有博士学位,或具有高级职称的人员以及其他众多优秀技术、技能人才均可落户广州。从中可见广州市人才落户门槛同样较低,同样是在较低门槛的人才落户政策之外另行积分落户政策。相比之下,北京市不仅既有人才落户门槛尚未实质性降低,而且未出台专门针对人才类存量流动人口的条件落户政策,仍用一套积分落户体系面对各类流动人口。足见北京市的积分落户指标与广州市、深圳市的积分落户指标貌似相差无几,实则很难相提并论。区区 6000 个积分落户指标与北京市流动人口满怀的落户愿景之间相差巨大,与中央政府不断扩大积分落户规模的政策要求之间亦有不小的距离。

第五,指标体系简约明了,操作便捷准确。除 4 项资格条件外,北京市积分落户指标体系仅有两项基础性积分指标(合法稳定就业、合法稳定居住),七项导向性积分

---

① 张炜. 对积分落户制度设计的几点思考[J]. 前线,2015(1):34-36.

② 2018 年,在北京市 764.6 万的常住外来人口中,首次参与申请者仅有 124657 人,仅占常住外来人口的千分之一二。

指标,堪称简约;且只认学历、学位,不认职称、技能;对志愿服务、无偿献血、个人捐赠、执业资格证、发明专利、紧缺行业及工种、婚姻家庭等一概不予加分。不超过45岁的申请人一律加20分,超过45岁的,每增加1岁(含不满1岁),少加4分,超过49岁便不再加分;职住区域符合规定的每年加2分或3分,最高限加12分,均不采用逐年加分直到退休为止的方式,执行起来相对简便,与指标冗繁的传统积分指标体系①确有较大区别,与2016年以来深圳市、广州市简约型积分指标体系②确有相似的一面,与中央倡导超大城市简化积分落户指标体系的政策要求堪称一脉相承,具有从指标冗繁、不以就业及居住积分为主的旧积分落户向指标简约、以就业及居住积分为主的新积分落户过渡之特征。

为便于操作,北京市还专门开发了积分落户在线申报系统,流动人口积分申报、主管单位审核均基本依托在线申报系统进行,申请人提交的积分指标信息由13个市级部门、16个区及亦庄经济技术开发区、部分国家部委等30余家单位联动审核,各单位均通过系统记载的原始数据对申请人的资格条件和积分情况进行比对,由系统自动判断并计算积分,有效地保证了积分统计和资料审核的准确性。力求让数据"多跑腿",申请人"少跑路",尽力减少人为操作。2019年,北京市取消了现场审核环节,实现全网通办,申请人足不出户即可完成申请,"最大程度释放了数字化和信息网络化的红利"③。在保护申请人隐私的前提下,对拟落户者的积分情况进行公示,"上榜"者的相关信息历历可寻,有效地保障了公开透明与公平公正,"让过线者堂堂正正,参与者心服口服"④。2020年,北京市开通移动端审核结果查询功能,申请人可在完成在线信息提交后即时查看本人所在的积分和排名区间,在结果审核阶段,申请人可随时通过手机登录"北京人社"APP查看反馈结果。

---

① 2016年中山市积分指标包括基础分、附加分和扣减分三类。其中,基础分指标包括文化程度、职业资格或专业技术职称、参保情况、房产情况、申领居住证年限等五项内容;附加分指标包括年龄、婚姻状况、计划生育(办证、落实节育措施、参加孕检、违法生育接受处理情况)、急需人才(市级、区级)、专利创新、表彰奖励(个人获奖及见义勇为)、社会贡献(捐赠、义工、献血及捐献骨髓、参与禁毒宣传、注册登记安全生产宣传员、举报线索、担任流动人口和出租屋的服务管理兼职联络员、担任环卫工作、在高新技术企业工作)、投资纳税、卫生防疫(子女参加计划免疫、参加妇幼保健、婚检、从业健康证)、儿童随行卡的办理、住房公积金缴存、社会教育、基础教育等13项内容;扣减分指标包括违反计划生育政策、违法犯罪两项内容(参见:高文青,杨和焰.广东省不同地市积分入户政策差异比较——以广州、深圳、中山、珠海四市为例[J].福建行政学院学报,2018(2):1-13)。
② 2016年广州市积分指标仅含文化程度、技术能力、急需工种或职业资格、社会服务、纳税、创新创业、职住平衡七项。2017年深圳市积分落户指标仅含稳定居住(自有住房、租赁住房)、稳定就业(养老保险)、诚信守法(个人信用、违法犯罪)三类积分指标。
③ 熊志.积分落户启动,入籍北京又打开了一扇窗[N].新京报,2018-04-12(A02).
④ 张丽.北京积分落户政策公开透明:让过线者堂堂正正　参与者心服口服[EB/OL].(2018-10-16)[2024-01-30].https://www.takefoto.cn/viewnews-1592883.html.

4.2 积分落户政策的价值与限度

4.2.1 政策价值

户籍制度改革是我国社会管理体制改革的基本内涵之一,是 3.76 亿[①]流动人口的"心头大事",是超大城市永续发展的基石之一,可谓"民之大纪,国之治端"。推行积分落户政策是北京市贯彻落实中央户籍制度改革等要求,持续推动流动人口市民化的重要举措,有重要的现实意义。

从个体视角来看,积分落户政策为流动人口开辟了一条落户北京的新通道。与先前针对特定人群的落户渠道——高校毕业生就业、人才引进、亲属投靠、工作调动等不同,积分落户指标以合法稳定就业、合法稳定居住为基础,涵盖多项加分指标,面向广大流动人口群体,重在解决在京工作和生活时间长、就业能力强的劳动者的落户问题。流动人口为北京市建设、发展付出了辛勤汗水,做出了巨大贡献,却因户籍屏蔽而无法获得应有的市民待遇和福利保障,处于相对劣势地位,积分落户政策为他们跨过户口这道"硬杠杠",开启了一扇机会之窗,使他们有机会在工作、生活方面享有与本地居民相同的权利与便利,有利于提升其城市归属感与"获得感"。尽管目前北京市积分落户这扇窗开得还很小,但是随着城镇化进程的不断深入,相信这扇窗会有彻底敞开的那一天。

同时,积分落户政策增添了户籍准入的可预期性,为在京常住流动人口画出了一个身份转换的"连续谱"[②],为渴望落户的城市"他者"树立了清晰明了的努力标杆,使其对成为真正的首都市民可期可盼。在线申报、联审联核、社会公示……一整套合理、规范、透明的操作流程,堵住了制度寻租、权力腐败、暗箱操作的空间,传达了脚踏实地、遵纪守法、积极贡献的理念,激励流动人口依靠劳动积累,创造美好生活,实现个人成就与城市建设双重价值的统一。

从城市视角来看,积分落户政策在推进北京市城市化进程中发挥了"调节阀"作用。每年 6000 人的落户指标虽有控制过严之嫌,却也有效避免了流动人口因落户

① 国家统计局.第七次全国人口普查公报(第七号)[EB/OL].(2021-05-11)[2024-01-30].http://www.stats.gov.cn/sj/zxfb/202302/t20230203_1901087.html.

② 张小劲,陈波.中国城市积分入户制比较研究:模块构成、偏好类型与城市改革特征[J].华中师范大学学报(人文社会科学版),2017(6):1-10.

"激励"而爆发式涌入北京,有利于北京市遏制"大城市病"的进一步蔓延;职住平衡积分虽有不足却也体现了正确的区域发展导向,一定程度上有利于降低城市中心人口密度,优化城市人口布局,疏解非首都功能,提升城市副中心、卫星城的承载能力,培育发展现代都市圈;年龄、教育背景、创新创业人才加分有利于遏阻户籍人口的老龄化趋势,吸纳符合城市发展定位的优秀人力资源,完善劳动就业市场,促进产业转型升级,实现高质量持续发展。

从社会视角看,积分落户政策的实施体现了超大城市公平正义的发展取向,有利于社会稳定。首先,积分落户政策对改善城乡户籍、本市与外来人口户籍二元分割状况有积极意义,有利于引导人口有序流动,在流动中释放新的人口红利,拉动内需,促进经济发展、社会进步。受落户利益的引导和诱惑,流动人口会按照积分指标的导向和要求,有目的地提升自己的素质和能力,主动适应城市劳动力结构优化的过程,助力城市文明建设和可持续发展。其次,积分落户政策与居住证政策结合在一起,搭建了基本公共服务均等化的通道,使流动人口享受更多的公共服务和便利,鼓励其积极参加公共事务,投身公共服务,成就公民尊严,优化社会资源配置,循序渐进地缩小不同群体之间由户籍制度引发的福利差异,实现流动人口从"新居民"向"市民"的身份转变。

4.2.2 政策限度

北京市积分落户政策虽有如上正面价值,但本质上是用一套积分落户指标适用多类流动人口,追求多元政策目标。由于不同类别流动人口情况有别,多元目标之间难免相互冲突、彼此制约,这导致北京市积分落户政策存在明显的局限性。

第一,流动人口普遍享有市民权利与城市人口调控需要之间存在矛盾。强调流动人口落户权利的普及性,追求积分落户规模最大化,很难不触及人口调控的底线;根除"大城市病",厉行人口调控,又很难大幅扩大积分落户规模。严控户口准入虽对遏制流动人口增长的作用并不显著,但若放宽户口迁移条件,"对人口增长的刺激作用则'立竿见影'"[①]。这是决策者的主要顾虑之所在。人口调控目标既然不可动摇,那么大幅增加积分落户指标,让多数流动人口积分落户,获得完整市民权,势必会落空。但结合近年积分落户结果和第七次全国人口普查统计数据来看,决策者的顾虑似乎有点过头。得益于疏解、整治等举措,自第七次全国人口普查以来,北京市常住流动人口数基本处于稳中有降的态势,2020 年、2021 年、2022 年、2023 年,北京市常

---

① 张炜.对积分落户制度设计的几点思考[J].前线,2015(1):34-36.

住流动人口数量分别为841.8万人①、834.8万人②、825.1万人③、824.0万人④,常住人口数也由2020年的2189.3万人⑤降至2023年的2185.8万人⑥,可见实施积分落户政策并未对流动人口的迁移行为产生强烈的刺激作用,北京市积分落户规模尚有一定的拓展空间。决策者应胆子更大一些,步履更坚定一些,尝试向流动人口持续扩大积分落户的"口子",直到该"口子"对刺激流动人口涌入北京的影响大到北京难以承受为止,这才是北京在促进流动人口就地市民化上应有的胸襟,才是北京落实中央关于超大城市既要调控人口又要促进流动人口市民化等政策要求应有的更好举措。

第二,推动流动人口平等落户的价值理性与促进城市经济发展的工具理性之间存在矛盾。若强调价值理性,给予流动人口以平等落户权,则积分落户指标需以合法稳定就业、合法稳定居住为主,而年龄、学历、创新创业、纳税、奖励等指标应退居其次;若强调工具理性,主张借积分落户吸纳人才、投资,发展本地经济,则应以年龄、学历、创新创业、纳税、奖励等指标为主。两个"理性"之间存在"天然"的矛盾,顾此难免失彼;彼此兼顾,很可能貌似"兼顾",实则二者都"顾不够"。北京市积分落户政策追求的是二者"兼顾"而非仅顾其一,主要表现是重视学历积分与合法稳定就业、合法稳定居住之间的积分平衡,在给予合法稳定就业、合法稳定居住较高积分且累计积分可到退休为止的同时,又给予不超过45岁的申请人以20分的年龄分,超过45岁的,每增加1岁(含不满1岁)少加4分,以免积分指标过于向年长者倾斜。不过,从近几年积分落户结果来看,二者兼顾的政策目标并未得到较好的落实。

在年龄方面,2016年北京市积分落户方案给予不超过45岁的申请人以20分年龄分,看似向年轻人大幅倾斜,舆论界对此也不乏批评声音,认为北京市积分落户政策像其他城市一样偏爱青年才俊,直陈"北上广深四个城市的积分办法都倾向于年轻

①　北京市统计局.北京市第七次全国人口普查主要数据情况[EB/OL].(2021-05-19)[2024-02-26].https://tjj.beijing.gov.cn/zt/bjsdqcqrkpc/qrpbjjd/202105/t20210519_2392982.html.

②　北京市统计局,国家统计局北京调查总队.北京市2021年国民经济和社会发展统计公报[EB/OL].(2022-03-01)[2024-02-26].https://www.beijing.gov.cn/gongkai/shuju/tjgb/202203/t20220301_2618806.html.

③　北京市统计局,国家统计局北京调查总队.北京市2022年国民经济和社会发展统计公报[EB/OL].(2023-03-21)[2024-02-26].https://www.beijing.gov.cn/zhengce/zhengcefagui/202303/t20230321_2941262.html.

④　北京市统计局,国家统计局北京调查总队.北京市2023年国民经济和社会发展统计公报[EB/OL].(2024-03-21)[2024-03-26].https://tjj.beijing.gov.cn/tjsj_31433/sjjd_31444/202403/t20240319_3594001.html.

⑤　同①。

⑥　同④。

人"①。其实,北京市积分落户政策既强调合法稳定就业、合法稳定居住积分的基础性地位,又注意遏阻户籍人口的老龄化趋势,二者平衡的结果是积分落户指标体系理论上不是向年轻人倾斜,而是向 51 岁以上长者、45 岁或近 45 岁的"不老不少"者倾斜。事实上,北京市积分落户政策既不向年轻人倾斜,也不向年长者倾斜,而是向"不老不少"者倾斜,并未完全达成促进户籍人口年轻化的目的。由于合法稳定就业、合法稳定居住积分合在一起每年可积 4 分或 3.5 分②,且可累计积分直到退休为止,积分占比确实较大,不超过 45 岁的申请人虽有 20 分年龄分,但以合法稳定就业、合法稳定居住每年 4 分或 3.5 分来折算,20 分最多也只能折抵 5 年或 6 年合法稳定就业、合法稳定居住积分。抛开其他积分不谈,51 岁以上的申请人若入职以来一直在京合法稳定就业、合法稳定居住,则积分肯定高于不超过 45 岁的申请人。

除 51 岁以上的年长者外,该套积分指标体系对获年龄加分的 45 岁或近 45 岁的群体亦较有利,而难以受益的主要是 30 岁左右的年轻群体。他们要么迈不过连续缴纳 7 年及以上社会保险的门槛,无法申请积分落户;要么在积分落户指标高度稀缺的背景下,因合法稳定就业、合法稳定居住积分过少,即便有 20 分年龄分的加持,也难与虽无年龄分但合法稳定就业、合法稳定居住积分较高的 51 岁以上者以及既有 20 分年龄分又有较高合法稳定就业、合法稳定居住积分的 45 岁及近 45 岁者一较高低。

2020 年北京市积分落户方案给予年龄不超过 45 岁的申请人 20 分的加分;年龄在 45 岁以上的,每增加 1 岁(含不满 1 岁),少加 4 分。理论上说,该规定对 45 岁以及在京合法稳定就业、合法稳定居住在自有产权房的"46 岁~退休年龄"的申领人最有利,因为 45 岁的申请人既有 20 分年龄加分又有相对较高的合法稳定就业、合法稳定居住积分,"46 岁~退休年龄"的申请人虽年龄加分逐年减去 4 分直至没有年龄加分,但只要他一直在京合法稳定就业、合法稳定居住在自有产权房,每年合法稳定就业、合法稳定居住积分之和也是 4 分,4 分与递减的年龄分正好可以相抵;合法稳定居住在租赁房里,每年合法稳定就业、合法稳定居住积分之和有 3.5 分,与递减的年龄分(4 分)也相去不远。

不过,从近年积分落户结果来看,北京市积分落户指标体系并未向 51 岁以上的年长者倾斜,而仅有利于 40~47 岁或近 40 岁的群体,见表 4.2~表 4.6 所列。

① 京华时报.北上广深积分落户政策敲定　京疏解人口加分力度超沪[EB/OL]. (2016-08-15)[2024-03-26]. https://www.xinhuanet.com/politics/2016-08/15/c_129228701.htm.

② 合法稳定就业每年积 3 分,合法稳定住所如是自有产权住所每年积 1 分,若是租赁房则每年积 0.5 分,二者相加,每年积 4 分或 3.5 分。

表 4.2　2018 年北京市积分落户各年龄段人数分布

出生年份（1970 年及以前）	落户人数/人	出生年份（1971—1981 年）	落户人数/人	出生年份（1982 年及以后）	落户人数/人
1958	1	1971	242	1982	110
1959	1	1972	379	1983	39
1960	1	1973	507	1984	13
1961	1	1974	586	1985	3
1963	1	1975	758		
1964	5	1976	817		
1965	2	1977	800		
1966	3	1978	777		
1967	4	1979	509		
1968	1	1980	304		
1969	9	1981	162		
1970	4				

数据来源：北京市人力资源和社会保障局等.关于积分落户公示及落户办理有关工作的通知（京人社积发〔2018〕208 号）[Z].2018-10-15；北京市人力资源和社会保障局等.2018 年积分落户公示名单（增补）（京人社开发发〔2019〕74 号）[Z].2019-05-17.

表 4.3　2019 年北京市积分落户各年龄段人数分布

出生年份（1971 年及以前）	落户人数/人	出生年份（1972—1982 年）	落户人数/人	出生年份（1983 年及以后）	落户人数/人
1959	1	1972	274	1983	93
1960	1	1973	393	1984	29
1961	1	1974	516	1985	7
1962	2	1975	631	1986	1
1963	2	1976	735	1987	1
1964	6	1977	743		
1965	9	1978	791		
1966	5	1979	660		
1967	3	1980	476		
1968	8	1981	361		
1969	8	1982	235		
1970	12				
1971	3				

数据来源：北京市人力资源和社会保障局等.关于公布 2019 年积分落户公示名单的通告（京人社发〔2019〕5 号）[Z].2019-10-15.

表4.4 2020年北京市积分落户各年龄段人数分布

出生年份 (1972年及以前)	落户 人数/人	出生年份 (1973—1983年)	落户 人数/人	出生年份 (1984年及以后)	落户 人数/人
1961	2	1973	329	1984	30
1962	3	1974	365	1985	3
1963	5	1975	507	1986	0
1964	6	1976	636	1987	0
1965	8	1977	751	1988	1
1966	9	1978	808		
1967	10	1979	741		
1968	6	1980	644		
1969	27	1981	468		
1970	85	1982	290		
1971	107	1983	83		
1972	108				

数据来源:北京市人力资源和社会保障局等.关于2020年积分落户公示及落户办理有关工作的通告(京人社发〔2020〕17号)[Z].2020-10-15.

表4.5 2021年北京市积分落户各年龄段人数分布

出生年份 (1973年及以前)	落户 人数/人	出生年份 (1974—1984年)	落户 人数/人	出生年份 (1985年及以后)	落户 人数/人
1962	5	1974	330	1985	11
1963	7	1975	392	1986	3
1964	9	1976	545	1987	1
1965	8	1977	658	1988	1
1966	4	1978	775		
1967	5	1979	799		
1968	8	1980	744		
1969	5	1981	764		
1970	8	1982	547		
1971	22	1983	229		
1972	28	1984	59		
1973	78				

数据来源:北京市人力资源和社会保障局等.关于2021年积分落户公示及落户办理有关工作的通告(京人社发〔2021〕7号)[Z].2021-7-12.

表 4.6　2022 年北京市积分落户各年龄段人数分布

出生年份 （1974 年及以前）	落户 人数/人	出生年份 （1975—1985 年）	落户 人数/人	出生年份 （1986 年及以后）	落户 人数/人
1962	2	1975	349	1986	7
1963	5	1976	464	1987	1
1964	3	1977	568		
1965	1	1978	695		
1966	3	1979	805		
1967	4	1980	786		
1968	6	1981	843		
1969	10	1982	771		
1970	6	1983	358		
1971	9	1984	126		
1972	24	1985	26		
1973	58				
1974	76				

数据来源：北京市人力资源和社会保障局等.关于 2022 年积分落户公示及落户办理有关工作的通告（京人社发〔2022〕6 号）[Z].2022-7-11.

由于政策实施中年龄分的认定从积分落户启动前一年 1 月 1 日算起，所以 1971 年、1972 年、1973 年、1974 年和 1975 年的出生者分别在 2017 年、2018 年、2019 年、2020 年和 2021 年申请积分落户时仍被视为 45 岁，分别在 2018 年、2019 年、2020 年、2021 年和 2022 年积分落户时实际年龄是 47 岁。

从表 4.2～表 4.6 中可见，在 2018 年积分落户中，1971—1978 年出生（40～47 岁）的积分落户者多达 4866 人，约占总数的 81%；加上 1979—1981 年出生（37～39 岁）的积分落户者 975 人，约占总数的 97%；再加上 1982 年出生（36 岁）的积分落户者 110 人，约占总数的 99%，其他年龄段的合计约占 1%。在 2019 年积分落户中，1972—1979 年出生（40～47 岁）的积分落户者多达 4743 人，约占总数的 80%；加上 1980—1982 年出生（37～39 岁）的积分落户者 1072 人，约占总数的 97%；再加上 1983 年出生（36 岁）的积分落户者 93 人，约占总数的 98%，其他年龄段的合计约占 2%。在 2020 年积分落户中，1973—1980 年出生（40～47 岁）的积分落户者多达 4781 人，约占总数的 79%；加上 1981—1983 年出生（37～39 岁）的积分落户者 841 人，约占总数的 93%；再加上 1984 年出生（36 岁）的 30 人，约占总数的 94%，其他年龄段的合计约占 6%。在 2021 年积分落户中，1974—1981 年出生（40～47 岁）的积分落户者多达 5007 人，约占总数的 83%；加上 1982—1984 年出生（37～39 岁）的积分落户者 835 人，约占总数的 96%；再加上 1985 年出生（36 岁）的积分落户者 11 人，约占总数的 97%，其他年龄段的合计约占 3%。在 2022 年积分落户中，1975—1982 年出生（40~47 岁）的积分落户者多达 5281 人，约占总数的 88%；加上 1983—1985 年出生（37~39 岁）的积分落户者 510 人，约占总数的 96%；再加上 1986 年出生（36 岁）的积分落户者 7 人，约占总数的 97%，其他年龄段的合计约占 3%。

　　由此可见，北京市积分落户政策既未向 35 周岁以下的青年才俊倾斜，也未向 48 岁以上的年长者倾斜，而主要向 40~47 岁的人群倾斜，其次是向近 40 岁的人倾斜。35 岁以下的积分落户成功者稀少，原因盖在于其合法稳定就业、合法稳定居住积分较少。若从功利的角度看，向四十几岁的流动人口倾斜对北京市似乎并不十分有利。原因之一是处于该年龄段的人一般"上有老，下有小"，落户后很快就会有老人投靠、未成年子女随迁及其中学教育、高考升学问题，给城市带来的负担立竿见影；原因之二是该年龄段的人正处于"人生中途"，虽仍年富力强、经验丰富，但科技创新的爆发力一般不如 30 岁左右的年轻群体。

　　近五年的积分落户数据均显示，积分落户人数在 48 岁时出现了明显断层，48 岁以上尤其是年近 60 岁的积分落户成功者占比极小，这既是年龄加分递减所致，也更与流动人口社保持续性不理想以及临近花甲者积分落户意愿不强等因素有关。北京市到 2011 年才强制企业为员工缴纳社保，很多流动人口是从该年起才开始缴纳社保，其间还难免工作变动、社保中断等问题，社保时长未必占优，一旦社保时长不占优，积分落户的概率即会变小。另外，该年龄段的流动人口参与积分落户的动力相对不足。处于该年龄段的流动人口子女多已成年，无法随迁落户，且大多错过了高考季，无法享有北京户口蕴含的高考"福利"，在北京高房价、高房租、高消费等重负下，他们参与积分落户的动力自然会有所减弱。

　　在学历方面，北京市积分落户方案规定，大专（含高职）、本科且获学士学位、研究生且获硕士学位、研究生且获博士学位的申请人分别获 10.5 分、15 分、26 分、37 分的加分；合法稳定就业、合法稳定居住的积分与学历积分二者只能择其一，且强调学历积分与合法稳定就业、合法稳定居住积分的平衡。若不考虑其他因素，流动人口高中毕业后就京合法稳定就业、合法稳定居住，则与博士毕业后在京就业的积分大体相当，体现不出高学历者的积分优势；若联系科技文化奖励和创新创业等加分，高学历的人合法稳定就业概率更大、缴税更多，以及高学历和低学历的人若同时来京就业则高学历者的积分明显占优势等因素，高学历的人在积分落户上仍占优势。只是，在积分落户指标高度有限的背景下，申请者仅靠高学历、科技文化奖励、创新创业、纳税等加分仍然不够，还需合法稳定就业、合法稳定居住积分的加持，才有机会在竞争者中脱颖而出，这是北京市近年积分落户"上岸"者主要是 40~47 岁和近 40 岁、有学历等加分的流动人口的主要原因。从某种程度上说，学历加分指标的设计虽实现了决策者借积分落户吸纳人才的愿望，却因不同类别积分指标之间相互冲突、折抵，使得该套积分落户方案并不能吸纳真正年轻、最富创新能力、30 岁左右的科技新锐、文化新军。从价值理性层面来看，北京市积分落户政策虽重视不同类别积分指标间的赋分平衡,但低学历、低收入流动人口若非在京长期合法稳定就业、合法稳定居住,且获一定的科技、文化奖励和创新创业加分,则几乎没有积分落户的机会。

总体而言,北京市积分落户政策虽在设计理念上突出积分指标之间的赋分平衡,但实际运行结果却在一定程度上具有与传统积分落户方案相似的排斥低学历、低收入流动人口的弊端。其对吸纳人才、促进经济发展的功利理性的追求胜于促进流动人口平等落户的价值理性追求。

第三,积分指标体系重视导向功能与引导力度有限、相关配套措施不足之间存在的矛盾。北京市户口"含金量"十足,如何用好有限的积分落户名额,巧借积分落户这根"小杠杆"去撬动流动人口服务、管理"大难题",引导流动人口提升素质、规范行为、积极为城市发展做贡献,是值得决策者们深思的问题。不可否认,北京市积分落户政策在积分落户的条件、基础分、加分、减分等方面均嵌入了积极的导向机制,但在引导力度上仍然存在不足。例如,居住证是流动人口属地管理、服务的重要抓手,且北京市流动人口居住证申领情况不尽理想,需要借积分落户来吸引、"迫使"流动人口申领居住证。北京市积分落户政策虽注重积分落户和居住证之间的关联性,规定流动人口申请积分落户须持居住证,但并未规定持居住证多久才能申请积分落户,加上积分落户名额十分有限,绝大多数流动人口都会感到自己短期内积分落户无望,将来申请积分落户时再申领居住证也不晚,当下也就很自然地失去了为积分落户而申领居住证的动力。这样一来,申请积分落户者须持居住证的规定对流动人口及时申领并长期持有居住证的"激励"作用势必受到较严重的影响。

再如,2016年北京市积分落户政策方案强调职住平衡,重视借积分落户疏解城六区流动人口到城六区以外的行政区,规定自积分落户政策实施之日起,申请人将居住地由城六区搬到城六区以外的行政区,每满1年积2分,最高积6分;就业地和居住地均由城六区转移到城六区以外的行政区的,每满1年积4分,最高积12分。激励力度可谓不小,但持续时间仅3年,3年后怎么办? 预感3年内不可能成功积分落户的流动人口势必不会因此而由城六区迁往城六区以外行政区。居住地点搬到城六区以外的行政区、工作地点不做同样改变的申请人可获加分的规定,虽有利于减少城六区人口,实现人口调控目标,但在城六区与非城六区之间通勤高峰时段交通"潮汐"和拥堵现象十分严重的情况下,该规定不仅不会减少反而还会加剧城市交通"潮汐"与拥堵。在城六区产业向外疏解缓慢、城六区以外的行政区产业较少、不足以承载流动人口较多迁入的背景下,不尽完善、合理的职住区域类加分设计,实质上是"逼迫"有落户需求的流动人口为增加积分而不得不搬到城六区以外的行政区居住几年,一旦积分落户成功,即有可能从非城六区搬回城六区居住。此外,在监管缺位的情况下,所谓租住地点由城六区迁往非城六区也很易造假,在城六区以外的行政区租个极便宜的房子,隔三岔五地住几天,保证有一定的水电消费记录,即使不是常住,也很难被认定为不符合居住地由城六区搬到非城六区的规定。

为克服如上弊端,2020年北京市积分落户方案将职住平衡类加分修改为,自

2018年1月1日起,申请人在本市城六区之外其他行政区自有产权住所居住的,且取得落户资格后应当在该自有产权住所落户,每满1年加2分;满足上述条件且在本市城六区之外其他行政区工作的,每满1年加3分。以上情况,最高加12分。

该调整虽在一定程度上克服了2016年北京市积分落户方案的弊端,但仍存在不少问题:①把"居住地由城六区转移到本市其他行政区域,每满1年积2分"改为"申请人在本市城六区之外其他行政区自有产权住所居住的,且取得落户资格后应当在该自有产权住所落户,每满1年加2分",虽杜绝了通过租房造假骗取职住区域加分的现象,但仍不尽合理。因为只要居住在非城六区、就业在城六区,无论住在自有产权住所与否,都一样会加剧通勤高峰时段的交通"潮汐"与拥堵。对该类职住失衡、助长交通"潮汐"和拥堵的行为予以加分,有悖于人口调控的基本精神。②居住地点在城六区、工作地点在非城六区可有效减轻通勤高峰时段的交通"潮汐"与拥堵[1],符合人口调控的基本精神,本应予以加分鼓励,可2020年积分落户方案却废除了2016年积分落户方案中的该类加分规定,有欠合理。③2020年积分落户方案将职住区域的总加分由6分、12分改为一律12分,每年该类加分由2分、4分改为2分、3分,完整获得该类积分由原来的一律3年增至6年或4年,虽有所进步,但仍难杜绝为获该类加分而进行短期职住搬迁等投机行为。④在产业和优质中小学教育资源集聚城六区、城六区与非城六区在就业机会和中小学教育质量等方面差距明显的背景下,任何旨在促进职住平衡的加分"激励"怕都难以取得优化人口分布的显著效果。

又如,北京市积分落户政策设置了不菲的学历积分、科技文化及道德奖励积分、纳税及创新创业积分,这些积分在落户指标极其有限的背景下,足以使没有该类积分但其他积分与有该类积分的人相近的流动人口失去积分落户机会,近几年积分落户结果业已证明这一点。既无落户机会,嵌入积分指标体系中的导向机制自然会"失灵"。只有给普通流动人口以更多的获得机会,让他们能够更真切地感受到积分落户的"真实可及",相关政策设计的"激励"机制和"导向"功能才有可能成为现实。

最后,北京市积分落户政策规定,只有房东依法缴纳房屋租赁税,才被视为流动人口合法租住,可现实中房东多会把租赁税转嫁到流动人口身上。在自觉租赁税不菲、积分落户又一时基本无望的情况下,流动人口很可能会照旧"非法"租住——不依法登记、纳税,使借积分落户加强流动人口和出租房管理的愿望同样落空。

第四,积分指标的简约性与合理性之间存在矛盾。积分落户涉及事项众多,数据统计和材料审核工作千头万绪,秉持从简原则,既是现实之举,也符合中央一再强调减少积分落户项目的政策要求。北京市积分落户指标体系在四个申请积分落户的基本条件外,仅设两项基础分、七项导向分,且在各项积分指标的具体规定上也力求简省,如只认学历、学位,不认职称、技能;年龄分采取分段一次性加分与简略的梯度减分相结合的方式,而非逐年累计加分;不考虑申请人配偶、家庭因素等。就从简而言,

---

① 因为住在城区、工作在郊区者上下班的方向与住在郊区、工作在城区者上下班的方向是相反的。

与同期各地积分落户指标体系相比,确实比较忠实地执行了中央相关政策规定。可是,凡事总有两面性,过于强调简省,也会引发积分落户指标体系不合理、不完备问题。例如,只认学历、学位分,不认职称、技能分,在实践中不免导致本科毕业的正高级职称者的积分不如无职称的硕士。将在职学历学位视同全脱产学历学位等规定,亦有失细致、公平。夫妻双方同为长期合法稳定居住、合法稳定就业的流动人口多属"不流动"的流动人口,北京市积分落户指标体系为简约而不考虑这种情况,也一定程度上稀释了合理性和公平性。在每条行政拘留记录减 30 分之前设置了前提条件"自本办法施行之日起"(2016 年北京市积分落户方案)、"近 5 年"(2020 年北京市积分落户方案),表明决策者已注意到"不溯既往"的政策原则,但在规定申请积分落户应具备的基本条件时仅规定"无刑事犯罪记录",而未前置"自 2017 年(北京市开始实行积分落户方案之年)起""近 5 年",乃是在更重要的问题上反而忽视了"不溯既往"原则。此外,对具有刑事犯罪记录的人不分严重程度均一律"一票否决",未给予跌倒后重新站起来的人以重新融入城市社会的机会,亦似有气度偏小之嫌。

4.3　影响流动人口积分落户意愿的关键因素

北京市积分落户政策在完善积分落户指标体系、扩大落户规模等方面与中央相关政策要求之间尚有一定的距离,如何在控制城市人口规模的基础上最大限度地满足常住流动人口的落户需求,既考验着城市治理者的能力和智慧,也是考验户籍制度改革成色的"试金石"。进一步完善积分落户指标体系,适度拓宽积分落户通道,势在必行。完善积分落户政策既需从行政主体——政府的维度进行考察,也需从行政相对方——流动人口的维度展开分析;既需对现行政策的实施成效及问题进行归纳分析,也需借助调查所得数据对流动人口相关需求和意愿进行计量分析,得出相对科学的结论,为提出合理化建议和方案提供必要的科学支撑。有鉴于此,本部分拟采用逻辑回归等方法,考察个体特征、经济能力、流动方式、属地服务需求、城市禀赋感知、社会参与及融入、政策知晓度等因素对北京市流动人口积分落户意愿的影响。

4.3.1　变量说明

本部分的数据来源及样本特征同本书 3.3.1 部分"数据来源及样本特征"。相关变量如下。

① 被解释变量:北京市流动人口积分落户意愿,即"您是否准备积分落户?"设置"是""否"两个选项。

② 解释变量:设置个体特征、经济能力、流动方式、属地服务需求、城市禀赋感知、社会参与及融入、政策知晓度等维度。其中,个体特征维度设置性别、年龄、婚姻

状态、文化程度四项指标;除月收入外,在房价高企的北京,有无产权房更是个体有无经济实力的重要表征,故在经济能力维度设置月收入、在京购房状况两项指标;流动方式旨在考察独自流动、家庭或准家庭式流动、其他近亲属同迁对流动人口积分落户意愿的影响,以是否与家人或对象同住表示家庭或准家庭式流动与否,以在京是否有除配偶、子女、父母、亲兄弟姐妹以外的亲属表示是否与其他近亲属同迁;属地服务需求维度设居住服务、就业服务、医疗卫生服务及子女教育服务需求四项指标;城市禀赋感知维度设是否认同北京生活质量更高、北京秩序更好、北京户口是荣誉和地位的象征、落户北京对后代很重要四项指标;社会参与及融入维度设社区文娱活动参与、社会管理或服务参与、北京朋友的数量、在京是否常有"家"的感觉、在京居住时长及未来定居意愿六项指标;政策知晓度维度选取社区政策宣传情况和政策了解程度两项指标。变量赋值及统计如表4.7所列。

表 4.7　变量含义及测度

变量名称		变量类型	变量含义及测度
北京市流动人口积分落户意愿		二分类变量	否＝0,是＝1
个体特征	性别	二分类变量	女＝0,男＝1
	年龄	多分类变量	18～26 岁＝1,27～36 岁＝2,37～45 岁＝3,46～55 岁＝4,56～60 岁＝5,其他＝6
	婚姻状态	二分类变量	不在婚①＝0,在婚＝1
	文化程度	多分类变量	高中(中专)及以下＝1,大专(高职)＝2,本科＝3,研究生②＝4
经济能力	月收入	多分类变量	5000 元及以下＝1,5001～10000 元＝2,10001～15000 元＝3,15001 元及以上③＝4
	在京购房状况	多分类变量	不准备买＝1,准备买＝2,已买或正在买＝3
流动方式	居住方式④	多分类变量	独自居住＝1,与家人或对象同住＝2,其他＝3
	其他近亲属网络	二分类变量	无＝0,有＝1
属地服务需求	居住服务需求	多分类变量	不需要＝1,需要但不迫切＝2,迫切需要＝3
	就业服务需求	多分类变量	不需要＝1,需要但不迫切＝2,迫切需要＝3
	医疗卫生服务需求	多分类变量	不需要＝1,需要但不迫切＝2,迫切需要＝3
	子女教育服务需求	多分类变量	不需要＝1,需要但不迫切＝2,迫切需要＝3

---

① 将未婚、离异或丧偶合并为不在婚。
② 将硕士、博士合并为研究生。
③ 将 15001～20000 元、20001 元及以上合并为 15001 元及以上。
④ 独自居住者多是个人流动,与家人或对象同住者常是家庭或准家庭式流动。

变量名称		变量类型	变量含义及测度
城市禀赋感知	更高的生活质量	二分类变量	否=0,是=1
	更好的秩序	二分类变量	否=0,是=1
	户口式荣誉地位	二分类变量	否=0,是=1
	京户对后代发展很重要	二分类变量	否=0,是=1
社会参与及融入	社区文娱活动参与度	多分类变量	没有=1,偶尔=2,经常=3
	社会管理或服务参与度	多分类变量	没有=1,偶尔=2,经常=3
	北京朋友的数量①	多分类变量	偏少=1,一般=2,偏多=3
	在京"家"的感觉	多分类变量	没有=1,偶尔=2,经常=3
	在京居住时长	多分类变量	2年及以下=1;3~6年=2,7~10年=3;11年及以上=4
	定居意愿	多分类变量	回乡定居=1,在京定居=2,到其他地方定居=3
政策知晓度	社区宣传	二分类变量	无=0,有=1
	政策了解度	多分类变量	不了解=1,部分了解=2,了解=3

4.3.2 研究假设

假设个体特征、经济能力、流动方式、属地服务需求、城市禀赋感知、社会参与及融入、政策知晓度均对北京市流动人口积分落户选择存在影响。

1. 个体特征假设

H1:个体特征对流动人口积分落户意愿存在影响。

就传统意义而言,女性对生活稳定性的要求高于男性,更愿意通过积分落户结束"人户分离"的漂泊感;与女性相比,男性落户城镇常需承担更高的购房支出,男性落户意愿不免因之相对较低②。刘涛等发现,在婚流动人口既有伴侣的扶持、鼓励,又有为家庭维系生活稳定的压力,加之对子女后代上学就业的关切,通常更愿意落户城镇③。吴兴陆④、黄振华等⑤发现,与相对年长的人、文化程度较低的人相比,年轻人、文化程度较高的人通常具备更高的创收能力与城市适应能力,更易实现人力资本与

---

① 将很多、较多合并为偏多,将很少、较少合并为偏少。

② 张松彪,曾世宏,袁旭宏.农村居民谁更容易落户城镇:男性还是女性?——基于中国家庭动态跟踪调查数据的实证研究[J].农村经济,2019(5):128-136.

③ 刘涛,陈思创,曹广忠.流动人口的居留和落户意愿及其影响因素[J].中国人口科学,2019(3):80-91.

④ 吴兴陆.农民工定居性迁移决策的影响因素实证研究[J].人口与经济,2005(1):5-10.

⑤ 黄振华,万丹.农民的城镇定居意愿及其特征分析——基于全国30个省267个村4980位农民的调查[J].经济学家,2013(11):86-93.

物质资本的积累,选择定居城市的可能性越大。既然选择定居城市,当然更需要积分落户。故假设如下。

H1a:与男性流动人口相比,女性流动人口积分落户意愿更强。

H1b:与其他年龄段的流动人口相比,青壮年流动人口积分落户意愿更强。

H1c:与非在婚流动人口相比,在婚流动人口积分落户意愿更强。

H1d:与文化程度较低的流动人口相比,文化程度较高的流动人口积分落户意愿更强。

2. 经济能力假设

H2:经济能力对流动人口积分落户意愿存在影响。

通常而言,与低收入流动人口相比,高收入流动人口城市适应能力更强,薪酬福利更好,离职成本更高,更愿意定居城市[1];既然更想定居城市,积分落户意愿理应更强。北京市房价高企,流动人口又基本上被排斥在城市住房保障体系之外,住房问题俨然是流动人口就地市民化的"拦路虎"。在京已购房、正在购房或准备购房者,经济实力理应相对雄厚,更具备在京生活的能力,更有可能走向定居,更愿意积分落户。故假设如下。

H2a:与收入较低的流动人口相比,收入较高的流动人口更愿意积分落户。

H2b:与不拟在京购房的流动人口相比,在京已购房、正在购房或准备购房的流动人口更愿意积分落户。

3. 流动方式假设

H3:流动方式对流动人口积分落户意愿存在影响。

任远、戴星翼发现,家庭作为社会的细胞,能将流动人口更深、更密切地嵌入城市生活,推动其向城市居民转化[2]。与独自流动的流动人口相比,家庭或准家庭式流动的流动人口与流入地联系更为紧密,回迁成本更高,定居意愿更强,需要的属地服务和便利更多,更期待积分落户。流入地近亲属网络可为流动人口提供更多人脉、信息等资源及发展机会,降低其融入流入地的成本,亦有利于其走向定居和市民化。故假设如下。

H3a:与独自流动的流动人口相比,家庭或准家庭式流动的流动人口更愿意积分落户。

H3b:与在京无近亲属网络的流动人口相比,在京有近亲属网络的流动人口积分落户意愿更强。

---

①　孙学涛,李旭,戚迪明.就业地、社会融合对农民工城市定居意愿的影响——基于总体、分职业和分收入的回归分析[J].农业技术经济,2016(11):44-55.

②　任远,戴星翼.外来人口长期居留倾向的 Logit 模型分析[J].南方人口,2003(4):39-44.

4. 属地服务需求假设

H4:属地服务需求对流动人口积分落户意愿存在影响。

杨刚强等[①]、覃成林等[②]、杨晓军[③]发现,公共服务供给是影响流动人口市民化的重要因素,属地服务水平越高、质量越好,越易吸引人口集聚。就通常情况而言,走出"过客"心态、拟长期在流入地居住的流动人口对属地服务的需求更多,短期居住的流动人口因无长远打算而对属地服务需求相对较少,因而前者比后者更需要通过积分落户来满足自己的属地服务需求。故假设如下。

H4a:流动人口居住服务需求越高,积分落户意愿越强。

H4b:流动人口就业服务需求越高,积分落户意愿越强。

H4c:流动人口医疗卫生服务需求越高,积分落户意愿越强。

H4d:流动人口随迁子女教育服务需求越高,积分落户意愿越强。

5. 城市禀赋感知假设

H5:城市禀赋感知对流动人口积分落户意愿存在影响。

Tiebout"以足投票"理论主要关注城市居住环境质量等非经济因素对人口迁移的影响[④],Tanja Buch 等的实证研究结果表明城市生活质量是吸引人口迁移的重要因素[⑤]。北京作为伟大祖国的首都,良好的社会秩序、优质的教育资源、更多的高考升学机会乃至北京户口暗含的社会地位及荣誉等,都有可能对流动人口积分落户意愿产生积极的影响。故假设如下。

H5a:流动人口越觉得北京生活质量更高,积分落户意愿越强。

H5b:流动人口越觉得北京秩序更好,积分落户意愿越强。

H5c:流动人口越觉得北京户口是荣誉和地位的象征,积分落户意愿越强。

H5d:流动人口越觉得落户北京对后代很重要,积分落户意愿越强。

6. 社会参与及融入假设

H6:社会参与及融入对流动人口积分落户意愿存在影响。

参与社区文娱活动、参与社会管理或服务、结交本地朋友是个体主动适应北京生活的重要体现,有助于流动人口与本地人建立群际纽带。与北京建立人地联系纽带,可为流动人口习得社会规范、适应属地生活体系创造良好的条件,有利于他们定居落

---

① 杨刚强,孟霞,孙元元,等.家庭决策、公共服务差异与劳动力转移[J].宏观经济研究,2016(6):105-117.

② 覃成林,刘佩婷.行政等级、公共服务与城市人口偏态分布[J].经济与管理研究,2016(11):102-110.

③ 杨晓军.城市公共服务质量对人口流动的影响[J].中国人口科学,2017(2):104-114.

④ 湛东升,张文忠,党云晓,等.中国流动人口的城市宜居性感知及其对定居意愿的影响[J].地理科学进展,2017(10):1250-1259.

⑤ BUCH T, HAMANN S, NIEBUHR A, et al. What Makes Cities Attractive? The Determinants of Urban Labour Migration in Germany[J]. Urban Studies, 2014, 51(9):1960-1978.

户、就地市民化。故假设如下。

H6a：流动人口越参与社区文娱活动，积分落户意愿越强。

H6b：流动人口越参与社会管理或服务工作，积分落户意愿越强。

H6c：流动人口结交北京本地朋友越多，积分落户意愿越强。

与在京居住时间短、在京无"家"的感觉、不拟在京定居的流动人口相比，在京居住时间长、在京常有"家"的感觉、拟在京定居的流动人口往往更易适应、融入北京生活，更需积分落户北京。故假设如下。

H6d：流动人口在北京居住时间越长，积分落户意愿越强。

H6e：流动人口在北京越常有"家"的感觉，积分落户意愿越强。

H6f：流动人口越打算在北京定居，积分落户意愿越强。

7. 政策知晓度假设

H7：政策知晓度对流动人口积分落户意愿存在影响。

政策宣传情况直接影响受众的政策认知，积分落户对流动人口是实实在在的政策利多，理应政策宣传越到位，流动人口越了解该政策，越愿意积分落户。只是，政策知晓度的影响会在不同流动人口群体之间有所区别，离积分落户标准越近者，理应越知晓该政策，越倾向积分落户；离积分落户标准越远者有可能越知晓该政策，越不会参与积分落户。北京市积分落户门槛高，落户名额少，绝大多数流动人口目前都不可能成功积分落户，社区宣传、政策了解度对流动人口积分落户意愿是否存在显著影响尚需验证。故假设如下。

H7a：政策宣传对流动人口积分落户意愿有显著影响。

H7b：政策了解程度对流动人口积分落户意愿有显著影响。

4.3.3　模型构建

为测量个体特征、经济能力、流动方式、属地服务需求、城市禀赋感知、社会参与及融入、政策知晓度对北京市流动人口积分落户意愿的影响，设置二元 logistic 回归模型如下。

$$\log P = \beta_0 + \sum_{i=1}^{p} \beta_i x_i$$

式中，P 表示积分落户的概率，x_i 为影响流动人口积分落户的因素，β_i 表示第 i 个影响因素对积分落户概率的影响，β_0 为常数项，p 表示自变量的个数。

4.3.4　内部差异分析

愿意积分落户的受访者和不愿意积分落户的受访者分别占 54.2%、45.8%，前者较多。对各自变量与因变量做交叉分析（见表 4.8）可知，北京市流动人口积分落户意愿的内部差异如下。

在个体特征方面,男性、女性流动人口积分落户意愿无显著差异。37~45岁的流动人口积分落户意愿最强,27~36岁、46~60岁、18~26岁流动人口积分落户意愿依次减弱,其他年龄组因不符合积分落户条件而意愿最弱。在婚流动人口的积分落户意愿胜于不在婚流动人口。文化程度越高,流动人口积分落户意愿越强。

在经济能力方面,以10000元为分界线,月收入高于此的流动人口更愿意积分落户。已买或正在买房的流动人口的积分落户意愿最强,准备买房的流动人口次之,不准备买房的流动人口最弱。

在流动方式方面,与独立居住和其他方式居住的流动人口相比,与家人或对象同住的流动人口更愿意积分落户。在京有近亲属网络的流动人口与在京无近亲属网络的流动人口,积分落户意愿差别不大。

在属地服务需求方面,总体来看,流动人口对属地服务需求越迫切,越愿意积分落户,居住、就业、医疗卫生、子女教育四个方面的属地服务均不例外。从内部差异程度来看,子女教育及居住服务需求内部差异较大,就业及医疗卫生服务需求内部差异较小。

在城市禀赋感知方面,认可北京生活质量更高、生活秩序更好、北京户口是荣誉和地位的象征、落户北京对后代很重要的流动人口相较不认可的流动人口更愿意积分落户。

在社会参与及融入方面,经常参与社区文娱活动、经常参加社会管理或服务工作、北京本地朋友数量较多、在京常有"家"的感觉、在京居住时间较长的流动人口,积分落户意愿更强;与拟回老家或去其他地方定居的流动人口相比,拟在京定居的流动人口更愿意积分落户。

在政策知晓度方面,接受过社区积分落户政策宣传的流动人口较未接受过该类宣传的流动人口更愿意积分落户。了解、部分了解、不了解积分落户政策的流动人口,积分落户意愿依次减弱。

表4.8 流动人口积分落户意愿的内部差异

项目		分类	是否准备积分落户		x^2
			"是"占比/%	"否"占比/%	
个体特征	性别	女	53.0	47.0	1.123
		男	55.4	44.6	
	年龄	18~26岁	36.7	63.3	140.462***
		27~36岁	58.6	41.4	
		37~45岁	73.2	26.8	
		46~55岁	53.5	46.5	
		56~60岁	50.0	50.0	
		其他	14.3	85.7	

续表 4.8

项 目		分 类	是否准备积分落户		x^2
			"是"占比/％	"否"占比/％	
个体特征	婚姻状况	不在婚	45.2	54.8	69.913***
		在婚	63.6	36.4	
	文化程度	高中(中专)及以下	33.3	66.7	32.053***
		大专(高职)	52.0	48.0	
		本科	55.5	44.5	
		研究生	59.1	40.9	
经济能力	月收入	5000 元及以下	35.4	64.6	148.473***
		5001~10000 元	46.7	53.3	
		10001~15000 元	66.1	33.9	
		15001 元及以上	71.4	28.6	
	在京购房状况	不准备买	34.5	65.5	305.379***
		准备买	67.0	33.0	
		已买或正在买	77.0	23.0	
流动方式	居住方式	独立居住	49.7	50.3	124.398***
		与家人或对象同住	65.5	34.5	
		其他	35.0	65.0	
	其他近亲属网络	无	52.4	47.6	3.198*
		有	56.3	43.7	
属地服务需求	居住服务需求	不需要	37.2	62.8	110.206***
		需要但不迫切	51.4	48.6	
		迫切需要	67.7	32.3	
	就业服务需求	不需要	51.9	48.1	13.140***
		需要但不迫切	52.5	47.5	
		迫切需要	62.1	37.9	
	医疗卫生服务需求	不需要	32.4	67.6	85.664***
		需要但不迫切	50.3	49.7	
		迫切需要	65.5	34.5	
	子女教育服务需求	不需要	19.5	80.5	305.492***
		需要但不迫切	49.7	50.3	
		迫切需要	72.7	27.3	

续表 4.8

项 目		分 类	是否准备积分落户		x^2
			"是"占比/%	"否"占比/%	
城市禀赋感知	更好的生活质量	否	50.5	49.5	18.657***
		是	60.4	39.6	
	更好的生活秩序	否	44.8	55.2	33.197***
		是	58.5	41.5	
	户口式荣誉和地位	否	49.6	50.4	31.186***
		是	62.4	37.6	
	落户北京对后代很重要	否	54.2	45.8	198.720***
		是	63.9	36.1	
社会参与及融入	社区文娱活动参与	没有	49.9	50.1	26.548***
		偶尔	55.2	44.8	
		经常	68.9	31.1	
	社会管理或服务参与	没有	48.8	51.2	41.791***
		偶尔	60.9	39.1	
		经常	70.5	29.5	
	北京朋友数量	偏少	45.8	54.2	55.123***
		一般	49.0	51.0	
		偏多	64.6	35.4	
	在京"家"的感觉	没有	41.7	58.3	96.021***
		偶尔	56.8	43.2	
		经常	69.5	30.5	
	在京居住时长	2 年及以下	33.3	66.7	153.675***
		3~6 年	52.7	47.3	
		7~10 年	63.0	37.0	
		11 年及以上	70.2	29.8	
	定居意愿	回乡定居	33.1	66.9	327.087***
		在京定居	73.5	26.5	
		到其他地方定居	34.0	66.0	
政策知晓度	社区宣传	无	52.6	47.4	14.188***
		有	64.9	35.1	
	政策了解程度	不了解	35.7	64.3	229.778***
		部分了解	61.5	38.5	
		了解	82.6	17.4	

注：① 所有单元格具有的期望频数皆大于 5,所以直接进行卡方检验;

② ***、* 分别表示在 1% 和 10% 的水平上显著。

4.3.5 回归分析

如上单变量分析的结果表明,性别与北京市流动人口积分落户意愿无显著关联,为避免遗漏重要的影响因素,仍将性别作为变量之一纳入回归。以北京市流动人口的个体特征为基准,建立模型Ⅰ,然后依次纳入经济能力、流动方式、属地服务需求、城市禀赋感知、社会参与及融入、政策知晓度等变量,建立模型Ⅱ~Ⅶ,相关结果见表4.9。以上七个模型皆通过显著性检验,表明回归模型有意义,且模型拟合度不断提高,模型解释力增强。

表 4.9 流动人口积分落户影响因素的回归分析结果

项目	变量/模型拟合指数	模型Ⅰ Exp(B)	模型Ⅱ Exp(B)	模型Ⅲ Exp(B)	模型Ⅳ Exp(B)	模型Ⅴ Exp(B)	模型Ⅵ Exp(B)	模型Ⅶ Exp(B)
个体特征	性别(ref=女)	1.016	0.951	0.988	0.923	0.946	0.967	0.911
	年龄(ref=18~26岁)							
	27~36岁	2.033***	1.648***	1.646***	1.370**	1.386**	1.377**	1.305*
	37~45岁	3.936***	2.340***	2.303***	2.014***	1.931***	2.032***	1.775**
	46~55岁	1.936**	1.279	1.358	1.551	1.346	1.350	1.324
	56~60岁	1.799	1.450	1.668	1.541	1.387	1.465	1.387
	其他	0.210	0.184	0.180	0.402	0.501	0.497	0.403
	婚姻状况 (ref=不在婚)	1.388***	1.012	0.833	0.728**	0.706**	0.739**	0.729**
	文化程度 (ref=高中或中专以下)							
	大专(高职)	2.385***	1.866***	1.919***	2.008***	1.957***	1.877**	1.899**
	本科	2.992***	1.886***	2.004***	2.023***	1.917***	1.858**	1.743**
	研究生	3.424***	2.035***	2.197***	1.958***	1.784**	1.644**	1.524
经济能力	月收入 (ref=5000元及以下)							
	5001~10000元		1.179	1.109	1.014	1.025	1.010*	0.938
	10001~15000元		1.852***	1.672***	1.540**	1.529**	1.530**	1.497**
	15001元及以上		1.713***	1.567**	1.442*	1.583**	1.595**	1.471*
	在京购房状况 (ref=不准备买)							
	准备买		3.486***	3.337***	2.800***	2.620***	1.895***	1.693***
	已买或正在买		4.034***	3.643***	4.218***	3.766***	2.563***	2.274***

项目	变量/模型拟合指数	模型Ⅰ Exp(B)	模型Ⅱ Exp(B)	模型Ⅲ Exp(B)	模型Ⅳ Exp(B)	模型Ⅴ Exp(B)	模型Ⅵ Exp(B)	模型Ⅶ Exp(B)
流动方式	居住方式（ref=独立居住）							
	与家人或对象同住			1.485***	1.357**	1.358**	1.334**	1.339**
	其他			0.793	0.798	0.840	0.889	0.948
	其他近亲属网络（ref=无）			1.067	1.067	1.053	0.978	0.959
属地服务需求	居住服务需求（ref=不需要）							
	需要但不迫切				2.119***	2.047***	2.068***	2.139***
	迫切需要				3.335***	3.090***	2.789***	3.000***
	就业服务需求（ref=不需要）							
	需要但不迫切				0.746**	0.768**	0.800	0.756**
	迫切需要				0.702**	0.705*	0.709*	0.656**
	医疗服务需求（ref=不需要）							
	需要但不迫切				1.023	0.921	0.956	1.024
	迫切需要				1.354	1.216	1.268	1.441
	子女教育服务需求（ref=不需要）							
	需要但不迫切				2.663***	2.570***	2.386***	2.198***
	迫切需要				4.121***	3.609***	3.575***	3.074***
城市禀赋感知	更好的生活质量（ref=否）					1.115	1.001	1.014
	更好的生活秩序（ref=否）					1.047	1.000	0.961
	户口式荣誉和地位（ref=否）					1.074	1.000	1.005
	落户北京对后代很重要（ref=否）					2.331***	2.007***	1.984***

续表 4.9

项目	变量/模型拟合指数	模型Ⅰ Exp(B)	模型Ⅱ Exp(B)	模型Ⅲ Exp(B)	模型Ⅳ Exp(B)	模型Ⅴ Exp(B)	模型Ⅵ Exp(B)	模型Ⅶ Exp(B)
社会参与及融入	社区文娱活动参与(ref=没有)							
	偶尔						0.848	0.870
	经常						0.849	0.778
	社会管理或服务参与(ref=没有)							
	偶尔						1.175	1.047
	经常						1.385	1.276
	北京朋友数量(ref=偏少)							
	一般						0.867	0.765*
	偏多						1.200	1.013
	在京"家"的感觉(ref=没有)							
	偶尔						1.250	1.233
	经常						0.925	0.899
	在京居住时长(ref=2年及以下)							
	3~6年						1.113	1.089
	7~10年						0.893	0.835
	11年及以上						1.056	1.027
	定居意愿(ref=老家)							
	北京						2.494***	2.738***
	其他地方						0.959	1.030
政策知晓度	社区宣传(无)							1.257
	政策了解程度(ref=不了解)							
	部分了解							1.944***
	了解							4.291***
模型拟合指数	常量	0.201***	0.169***	0.161***	0.041***	0.027***	0.024***	0.022***
	−2对数似然	2622.275	2408.581	2386.798	2180.328	2125.729	2046.586	1980.711
	Cox & Snell R^2	0.089	0.179	0.188	0.266	0.286	0.313	0.335
	Nagelkerke R^2	0.119	0.240	0.252	0.356	0.382	0.418	0.447

注:***、**、*分别表示在1%、5%和10%的水平上显著。

1. 个体特征对流动人口积分落户意愿的影响

模型 I 表明,除性别外,年龄、婚姻状态及文化程度皆对北京流动人口积分落户意愿有显著影响,部分假设得到验证。性别对流动人口积分落户意愿的影响不显著,可能的原因是男性在流入地就业市场上的优势消解了部分购房压力,女性则相反;抑或是所谓男女购房压力有别的传统意识在首善之区——北京有所消解所致。受年龄禀赋与积分落户政策导向的双重影响,年龄与积分落户意愿呈倒 U 形分布,与 18～26 岁的流动人口相比,37～45 岁的流动人口积分落户意愿最强,27～36 岁次之。相对其他年龄段的流动人口,27～45 岁青壮年流动人口积分落户意愿最强。在婚流动人口相对不在婚流动人口、文化程度较高的流动人口相对文化程度较低的流动人口更愿意积分落户,分假设 H1b、H1c、H1d 成立。假设 H1 部分成立。

2. 经济能力对流动人口积分落户意愿的影响

在控制个体特征的基础上,纳入经济能力变量构建模型 II,除婚姻状态的影响不再显著外,其他变量的显著性与模型 I 基本保持一致。同时,模型 II 表明收入与购房状态对流动人口积分落户意愿的影响与假设一致,以月收入 5000 元及以下为参照,月收入 10001 元以上的流动人口积分落户意愿较强,而月收入为 5001～10000 元的流动人口的积分落户意愿与之无显著差异,这表明月收入达到一定水平有助于提升个体积分落户意愿,分假设 H2a 成立;就购房状态来看,准备买房、已买或正在买房的流动人口的积分落户意愿分别是不准备买房的流动人口的 3.486 倍和 4.034 倍,这说明在京购房能显著增强流动人口的积分落户意愿,分假设 H2b 成立。假设 H2 成立。

3. 流动方式对流动人口积分落户意愿的影响

模型 III 的回归分析结果与假设一致,与家人或对象同住的流动人口,亦即以家庭或准家庭方式流动的流动人口的积分落户意愿显著强于独立居住或以其他方式居住的流动人口,分假设 H3a 成立。但其他近亲属网络对流动人口积分落户意愿的影响并不显著,分假设 H3b 不成立。可能的原因是其他近亲属网络虽可为流动人口提供较多流入地信息及资源,降低初步融入的成本,但交往的同质性也会妨碍他们在流入地的深度融入,折抵他们对个体积分落户意愿的积极影响。假设 H3 部分成立。

4. 属地服务需求对流动人口积分落户意愿的影响

模型 IV 纳入属地服务需求变量,结果显示居住服务需求、子女教育服务需求与流动人口积分落户意愿均显著正相关,与假设一致,这说明流动人口期待通过积分落户解决居住和随迁子女教育服务问题,分假设 H4a、H4d 成立。

就业服务需求对流动人口积分落户意愿的影响与假设相反,不仅迫切需要就业服务、需要就业服务但不迫切的流动人口的积分落户意愿均不如不需要就业服务的流动人口,而且需求越迫切,流动人口积分落户意愿越弱。原因盖在于就业是获取生活资料的基本渠道,流动人口越需要就业服务,往往越意味着他们谋生能力较差、经济能力较弱。对就业服务需求与月收入的交叉分析结果亦表明,需要就业服务的流动人口的月收入水平相对较低,在迫切需要就业服务的流动人口中,约七成人月收入在 10000 元以下;在需要就业服务但不迫切的流动人口中,六成多的人月收入也是如此。收入较低的流动人口往往既难适应北京市的高消费、高支出(模型Ⅱ已显示),也鲜有积分落户的成功概率,参与积分落户的意愿当然较低,分假设 H4b 不成立。

医疗卫生服务对流动人口积分落户无显著影响,原因盖在于医疗保险作为"五险一金"的基本组成部分,已与就业捆绑在一起,与落户并无太多关联。本课题组的问卷调查结果也显示,54.7%的受访者最想借积分落户解决住房问题,23.5%和17.5%的受访者分别想借积分落户解决子女教育和就业问题,仅 4.3%的受访者想借积分落户解决其他问题,故而该类服务需求对流动人口积分落户意愿的影响不显著,分假设H4c 不成立。假设 H4 部分成立。

5. **城市禀赋感知对流动人口积分落户意愿的影响**

纳入城市禀赋感知变量构建模型Ⅴ,回归分析结果显示仅认可落户北京对后代很重要的流动人口的积分落户意愿显著强于否认落户北京对后代很重要的流动人口,北京市丰富而优质的教育资源、相对更高的高考录取率应是流动人口愿意积分落户、为后代考量的关键点,分假设 H5d 成立。认可在京生活质量更高、秩序更好、北京户口是荣誉和地位的象征对流动人口积分落户意愿虽有正面影响,但不具显著性。这说明北京生活质量、生活秩序以及户口暗含的荣誉等虽为流动人口所看重,但都不会像住房、子女教育那样对流动人口积分落户意愿有关键性影响,分假设 H5a、H5b、H5c 不成立。假设 H5 部分成立。

6. **社会参与及融入对流动人口积分落户意愿的影响**

将社会参与及融入变量纳入模型Ⅵ,可知社会参与及融入对北京流动人口积分落户意愿存在影响,突出表现是拟在京定居的流动人口的积分落户意愿显著强于不拟在京定居的流动人口,分假设 H6f 成立。但与假设和交叉分析结果不同的是,社区文娱活动参与、社会管理或服务参与、北京朋友数量、在京"家"的感觉以及在京居住时长对流动人口积分落户意愿的影响均不显著,分假设 H6a、H6b、H6c、H6d、H6e均不成立。这说明若抛开其他因素不谈,仅就参与、融入的角度而言,在北京巨大的生存压力和积分落户名额十分有限的背景下,唯有拟就地定居因素才会对流动人口积分落户意愿产生显著性影响,社会管理或服务参与程度、社区文娱活动参与程度、在京居住时长、与北京人联系的密切程度等,均难对流动人口积分落户意愿产生显著性影响。在京"家"的感觉这一很似归属感的变量也未对流动人口积分落户意愿产生显著性影响,可能的原因是流动人口把本地"家"的感觉理解成对自己在京"小家庭"的感觉,而非近乎归属感的对"大北京"的"家"的感觉,因而冲淡了该因素对流动人口积分落户意愿的影响。假设 H6 部分成立。

7. **政策知晓度对流动人口积分落户意愿的影响**

模型Ⅶ纳入政策知晓度变量,结果显示政策了解程度显著影响流动人口积分落户意愿,部分了解及了解积分落户政策者的积分落户意愿分别是不了解该政策者的 1.944倍和4.291倍,分假设H7b成立。这表明尽管存在流动人口越了解积分落户政策,越会意识到自己很难积分落户,越不愿意参与积分落户的隐忧,但该隐忧不足以抵消流动人口对积分落户政策的欢迎程度,现在不能积分落户并不意味着流动人口未来不愿意积分落户。社区宣传对流动人口积分落户虽有正面影响但不显著,分假设H7a不成立,可能的原因是当前社区对积分落户政策的宣传普遍不到位,即使有宣传,也多流于形式,很难加深流动人口对积分落户政策的了解,因而抑制了应有的显著性。

综上可见:第一,积分落户政策对北京市流动人口积分落户意愿有显著影响。比如,年龄因素对流动人口积分落户意愿的影响即受到积分落户政策的"塑造",由于北京市积分落户政策强调申请人须连续缴纳7年及以上的社保,且积分指标以合法稳定就业、合法稳定居住积分为基础,导致并非越年轻的群体越愿意参与积分落户,而是既年富力强又在合法稳定就业、合法稳定居住方面有较多积分的群体(37~47岁)更有机会积分落户,回归分析结果和近几年的积分落户结果均证明了这一点。应积极调整相关政策,吸引更多年龄段的流动人口积极参与积分落户。回归分析结果显示,流动人口对积分落户政策的了解程度与其积分落户意愿显著正相关;问卷调查结果表明,了解积分落户政策的流动人口仅占14.7%,部分了解积分落户政策的流动人口占45.1%,不了解积分落户政策的流动人口高达四成以上。建议以社区为基础平台,开展多样、灵活的积分落户政策宣传活动,进一步提高积分落户政策的知晓度。

第二,人力资本、经济能力差异导致流动人口积分落户意愿的分化。文化程度越高,人力资本越丰富,越便于谋职就业与社会交往,积分落户倾向越明显;经济能力的差异表现为相对于月收入万元以下的流动人口,月收入万元以上的流动人口更愿意积分落户;与不准备买房的流动人口相比,已买或正在买或准备买房的流动人口一般经济实力相对较强,更拟定居,更愿意积分落户。应强化职业技能教育,进一步提升流动人口的人力资本及经济能力,增强流动人口积分落户意愿,促进其就地市民化。

第三,流动人口的初始社会资本与本地化社会资本对个体积分落户意愿的影响有别。家庭或准家庭式人口流动赋予个体的初级社会资本有助于强化积分落户意愿;本地化社会资本,譬如参加社区文娱活动、参与社会管理或服务、结交北京朋友等虽不会直接影响流动人口积分落户意愿,但这些因素会或多或少地影响流动人口定居意愿,进而影响其积分落户意愿。但北京市现行积分落户指标体系中并无家庭方面的指标及分值,未来修改积分落户指标体系时,应适当考虑家庭因素。此外,还应鼓励流动人口扩大社会参与和城市融入,不断增强定居意识,以提升积分落户意愿。

第四,居住和随迁子女教育服务对流动人口积分落户意愿有显著影响。"安居才能乐业",住房乃民生之首。随迁子女教育虽是下一代的发展问题,却最为流动人口所看重。鉴于居住和随迁子女教育服务需求与流动人口积分落户意愿均显著正相关,应采取切实的措施,妥善解决流动人口居住和随迁子女教育服务问题。

4.4 完善积分落户政策的思路与建议

积分落户政策涉及城市经济社会发展、流动人口服务管理及就地市民化等众多方面,制定北京市积分落户政策需遵循以下原则。

第一,有利于推进城市化进程的原则。北京市虽有较大的人口调控压力,但再大的压力也不能成为推卸加强流动人口属地服务、促进流动人口市民化责任的口实,城市发展既然离不开流动人口,就应虚心接纳他们,真心实意地为他们做好属地服务工作;流动人口既然为城市发展挥洒汗水、拼搏奉献,就应拥有分享城市发展成果的权利。因此,有利于推进城市化进程、促进流动人口就地市民化,理应成为北京市制定积分落户政策应遵循的首要原则。

第二,有利于人口调控的原则。就通常情况而言,人口调控是向外"赶人",积分落户是向内"拉人",二者貌似"势不两立",但精巧的积分落户指标体系设计也可优化人口结构。通过促进职住平衡等办法,也可实现城市区域人口分布的均衡,缓解交通拥堵、住房困难、环境恶化、资源紧张等"大城市病"。完善北京市积分落户政策,不仅不能违背人口调控政策,而且应致力于优化该政策,实现积分落户与人口调控的双赢。

第三,有利于经济发展的原则。北京市是我国科技文化中心和北方经济重镇,从近年我国北方经济总体趋弱、南北经济失衡加剧的大势来看,北京市有责任也有能力发挥自身区位和资源优势,做大、做强产业,大力发展经济,肩负起推动京津冀一体化发展的神圣职责。北京市虽有疏解、整治的繁重压力,但疏解、整治的根本目的在"促提升",在谋求更健康、更高质量的发展。因此,有利于经济发展理应成为北京市完善积分落户政策应遵循的原则之一。

第四,有利于加强流动人口服务、管理的原则。积分落户政策虽属终极型流动人口服务政策,但良好的制度设计也能实现以服务促管理,让服务成为最好的管理。通过与居住证、租房管理等政策的紧密连接以及系列惩恶扬善类积分落户指标及权重设计等,积分落户可成为激励流动人口不断提升自身素质、规范个体行为的得力抓手。

根据以上原则,特提出初步建议和方案如下。

4.4.1 较大幅度地扩大积分落户规模

只有较大幅度增加积分落户名额,才能让更多流动人口积分落户,更好地落实中央推进城市化进程的要求。只有积分落户名额多到一定的程度,让众多流动人口都能不同程度地感到积分落户的可及性,积分落户政策才能真正起到优化人口调控、促进经济发展、加强流动人口服务管理的"杠杆"作用。近年来,北京市常住人口总数和常住流动人口总数均保持稳中有降的平稳态势,这说明积分落户并未导致决策者忧心的流动人口如潮水般涌入北京的"激励"后果;即使城市不扩容、不大规模建设卫星城,北京市也有适度扩大积分落户规模的潜能,建议不断增加积分落户名额,直至积分落户"激励"流动人口涌入北京、有碍北京实现人口调控目标为止。

4.4.2　优化人口调控,完善职住平衡指标体系

鉴于住在非城六区、工作在城六区,无论住在自有产权住所与否,都会加剧都市通勤高峰时段的交通"潮汐"及拥堵现象,有悖于人口调控的宗旨;住在城六区、工作在非城六区,虽职住失衡,却有利于缓解都市交通"潮汐"及拥堵现象,符合人口调控的精髓;工作在非城六区、住在非城六区,职住平衡,有利于减少城市交通拥堵,最契合人口调控的要求;只给予 6 年或 4 年职住区域加分、总加分不超过 12 分等易导致短期投机行为,建议取消对住在非城六区自有产权住所、工作在城六区的申请人的加分,增加对住在城六区、工作在非城六区的申请人的加分;保留对职住双迁至非城六区且住在自有产权住所者的加分;将只给予 6 年或 4 年职住区域加分、最高积分不超过 12 分,调整为:住在城六区、工作在城六区以外的行政区的申请人每年加 0.5 分,职住双迁至城六区以外的行政区、合法稳定租住的申请人每年加 0.7 分,职住双迁至城六区以外的行政区且住在自有产权住所的申请人每年加 1 分。

值得指出的是,并非只要是大城市就一定会有"大城市病",诱发"大城市病"的关键往往不在城市体量之大,而在城市规划之乱。无论从促进南北经济平衡发展、大规模疏解中心城区的产业和人口,还是从北京市政府搬至副中心、副中心离廊坊"北三县"(三河市、香河县、大厂回族自治县)仅一河之隔、合并"北三县"后的"副中心"乃是新北京真正的地理中心等因素来看,北京市都应尽早合并"北三县",不要等到该地区人口膨胀、违法建设此起彼伏、沦为城市"烂边"后才将其纳入。将"北三县"规划为城市发展新区,对其进行科学的规划布局,在确保城市组团间有必要的"通风廊道""生态绿洲"的前提下,大力建设都市卫星城,承接从主城区疏解而来的产业和人口,在卫星城较大幅度地放开积分落户限制,利用北京户口的"魅力",广泛吸纳符合北京产业发展方向的投资和人才,做大做强产业,以达成缓解"大城市病"、推进城市化进程、振兴区域经济、促进南北经济平衡发展等多赢效果。

4.4.3　采取多元落户办法[①]

将拟用于积分落户的指标分别用于人才落户、条件准入投资落户和积分准入普

通落户等。其中,人才落户又分为条件准入人才落户和积分准入人才落户两类。

1. 条件准入人才落户

本类落户政策主要面向极具创新能力的青年科技精英,以满足北京市打造国际科技创新之都的人才需求。具体做法是,给予第一学历和最后学历均为高端985院校①、北京市经济发展亟需的工程技术和数理专业博士毕业、在符合北京产业发展方向的领域就业、年龄不超过35周岁的青年才俊以人才居住证。持该居住证者可享有除子女在京参加高考以外的所有市民待遇,自持证之日起在京累计缴纳社保、纳税、合法稳定居住满5年后可正式落户北京。已在京合法稳定就业满3年以上、符合如上各项要求、年龄不超过35岁的流动人口同样可以获得人才居住证,自持证之日起在京累计缴纳社保、纳税、合法稳定居住不少于3年后可正式落户北京。若该办法实施导致流动人口过度涌入北京,使北京有不能承受之重,则通过提升学历和专业要求、增加人才居住证的持证时间、限定落户名额等办法,进行必要的调节。若实施该办法未导致流动人口过度涌入北京,或北京真能扩容、建设城市新区和较多卫星城,则可通过降低学历和专业要求、缩短人才居住证的持证时间等办法,进一步放宽落户准入,发挥北京户口的"魅力"优势,广纳天下青年科技精英投身北京经济建设。

2. 条件准入投资落户

本类落户政策适用于在京投资兴业达到一定规模的流动人口。发展经济既要四海俊彦,也需八方投资;疏解主城区人口向近郊区、城市新区转移,关键在郊区、新区有无足够的产业。无论是疏解整治促提升等"近忧",还是城市扩容、建设新区和卫星城、发展经济、促进我国南北经济平衡发展等"远虑",北京市都应巧借户口的"含金量"和吸引力,广纳符合北京产业发展方向的优质投资。建议在非城六区的合适区域投资兴办符合北京市产业发展方向的企业,且投资额或持股份额达到一定标准、连续3年纳税达一定标准以上、持北京市居住证(指普通居住证)的流动人口可直接落户北京。具体投资额、纳税额视北京市经济发展需要和企业所在区域、行业等因素由市、区两级政府联合制定。

3. 积分准入人才落户

本类落户政策主要面向无法参加条件准入人才落户、已在北京市就业的非本地户籍的其他人才。鉴于近年来其他超大、特大城市本类人才落户基本上都已采用条件准入方式,只要年龄、学历、技能或投资额达到一定的标准即可落户,且条件一降再降,该做法本质上比一度受到学界批评的"歧视低端流动人口"的积分落户政策更加直白地"欢迎"年轻人、能人、富人。受制于人口调控等因素,北京市一时尚难采取类似其他城市落户标准的人才落户政策,需在用条件准入落户政策以待高端人才之余,采用总量控制、积分落户的办法,择优选择其他人才类存量流动人口落户北京。既然

---

① 美国权威排名世界前50强高校视同高端985名校。

其他城市根据年龄、学历、技能或投资额等条件直接"选拔"流动人才落户,没被视为违背中央推进城市化进程的政策精神,那么面向存量普通人才、不以合法稳定就业、合法稳定居住为主要积分指标的本类积分落户政策,也不应被批评。具体积分落户方案及解释①如下。

(1)积分条件

流动人口申请积分落户须具备以下四个条件:第一,自本方案实施之日起,持有北京市居住证,且年均持居住证不少于 10 个月。之所以强调自本方案实施之日起,是为体现"不溯既往";之所以强调年均持居住证 10 个月以上,主要原因在于现行积分落户方案仅规定申请积分落户的流动人口需持北京市居住证,而未规定持证时间,难以激励流动人口长期持居住证,故补充持证时间方面的规定;规定年均持证不少于 10 个月而非满额 12 个月,意在给流动人口因搬家、工作变动、证件遗失等原因未能及时重办或补办居住证以必要的宽缓余地。第二,不超过法定退休年龄。第三,在京连续缴纳社会保险 7 年及以上。第四,自 2017 年 1 月 1 日以来无刑事犯罪记录。之所以强调"自 2017 年 1 月 1 日以来",原因在于《北京市积分落户管理办法(试行)》规定,北京市积分落户政策自该日期起施行。规定自该日期开始"无刑事犯罪记录",既可保障相关政策的连续性,也可体现对"不溯既往"原则的遵从。

(2)基础性积分

① 合法稳定就业指标及分值。申请人与在京用人单位签订正式劳动合同并连续工作满 1 年及以上,或在京投资办企业并连续经营满 1 年及以上,或在京注册登记为个体工商户且连续经营满 1 年及以上;以连续缴纳社会保险年限作为合法稳定就业年限的计分标准,不超过 45 岁的每连续缴纳社会保险满 1 年积 3 分,46 岁及以后每连续缴纳社会保险满 1 年积 1 分。

② 合法稳定居住指标及分值。申请人拥有取得本市房屋所有权证的自有产权住所;或签订正式房屋租赁合同,合法租赁符合登记备案、依法纳税等规定的住所;或居住在用人单位提供的具有合法产权的宿舍。申请人需连续居住满 1 年以上。在合法租赁住所和单位宿舍每连续居住满 1 年积 0.5 分,在自有产权住所合法稳定居住的积分视同合法稳定租住积分且一次性另加 10 分。当连续居住年限多于缴纳社会保险年限时,以连续缴纳社会保险年限作为连续居住年限。在京合法稳定就业且拥有自有产权住所者一般定居意愿更强,更想积分落户,同时也更具备在京定居的物质条件,回归分析结果亦表明购房因素与流动人口积分落户意愿之间显著正相关,因而应予在京有产权房者以适当加分。之所以用一次性加分代替逐年累计加分,原因是无论购房时间短长,只要是自有产权住所,对流动人口落户定居的促进意义几乎是一样的。同时,变逐年累计加分为一次性加分,还可有效避免某些矛盾与尴尬。例如,申请人已在城六区购房,假若住在自有产权住所,则无缘职住平衡分,若到非城六区

---

① 指对北京市现行积分落户方案做较大改动的地方予以必要的解释和说明。

的其他行政区域租住，虽可享有职住平衡分，却又无法以居住在自有产权住所的方式积分，也有一定损失。鉴于住房租赁税较难征缴，房主惯于将该税转移至租客身上，建议较大幅度地降低住房租赁税，以利于流动人口合法稳定租住。

（3）加减分项

① 教育背景、职称、技能指标及分值。申请人取得国民教育系列及教育部认可的学历、学位的，可获相应积分。具体积分标准是大学专科（含高职）学历的，积10分；大学本科学历且取得学士学位的，积15分；大学本科学历但未取得学士学位的，积12分；研究生学历且取得硕士学位的，积26分；在职研究生学历且取得硕士学位的，积22分；在职获得硕士学位但无研究生学历的，积18分；研究生学历且取得博士学位的，积46分；在职研究生学历且取得博士学位的，积40分。学历、学位的认定以申请人获得的最高学历、学位为准，不累计。取得学历、学位期间连续缴纳社会保险年限及连续居住年限的积分与学历、学位积分不累计。中级职称、技师视同研究生学历并取得硕士学位积分；副高级及以上职称、高级技师视同研究生学历并取得博士学位积分。职称技能分和学历学位分不重复计算。985大学本科、硕士、博士学历且取得学士、硕士、博士学位的，分别加4分、6分、8分；211大学本科、硕士、博士学历且取得学士、硕士、博士学位的，分别加2分、3分、4分；本项加分只取最高值，不累计。本科或研究生阶段所学专业属于本市紧缺急需专业且工作岗位与所学专业一致的，加3分，本项积分不累计。将研究生学历并取得博士学位与研究生学历并取得硕士学位之间的积分差距由11分扩大为19分，原因在于大多数学校博士生学制均由3年调整为4年，合法稳定就业、合法稳定居住积分若每年以3.5分或4分计算，4年就是14分或16分，加上博士学位比硕士学位难读多倍，因而有必要扩大二者的积分差距。因在职学历、学位的"含金量"普遍逊于全日制学历、学位，故对二者积分予以必要的区别；因不同类别高校本科生的生源和培养质量差别较大，不同类别高校硕士生和博士生的生源和培养质量差别也不小，故对985、211高校本科、硕士、博士毕业生予以不同程度的加分，以示区别。

② 职住平衡指标及分值。自2017年1月1日起，申请人住在本市城六区、工作在本市城六区以外的行政区，每满1年加0.5分，直到退休为止；职住双迁至城六区以外的行政区、合法稳定租住的申请人，每年加0.7分，直到退休为止；职住双迁至城六区以外的行政区且住在自有产权住所的申请人，每年加1分，直到退休为止。之所以强调自2017年1月1日起，原因在于北京市积分落户政策从该时点起开始实施。变职住平衡积分满4年或6年为止为逐年累计积分，直到退休为止，旨在促进流动人口职住平衡的持续性和稳定性。

③ 创新创业指标及分值。申请人在科技领域获得国家级或本市市级奖项的，可获得相应加分。其中，获国家级奖项的最高加20分，获本市市级奖项的最高加10分。申请人在文化领域以及创新创业大赛中获得国家级或本市市级奖项的，可获得相应

加分。其中,获国家级奖项的最高加 12 分,获本市市级奖项的最高加 6 分。同一成果同时获得多项奖励,只计最高分,不累计加分。之所以将国家科技三大奖①、本市科技奖的积分与文化领域国家级、市级奖项以及创新创业大赛的国家级、市级奖项的积分区分开来且适当拉开差距②,原因在于国家科技三大奖及本市科技奖的“含金量”胜于文化领域以及创新创业大赛的国家级、本市市级奖项,将二者等量齐观,显失公正。

申请人每获 1 项国家发明专利积 0.5 分,申请人参加团队获得国家发明专利的,申请人所得分数按 1/团队人数计算,本项累计不超过 5 分。现行积分落户指标体系中无本项积分,但申请人所获国家发明专利数既是其科研能力的见证,也是其为国家和社会做贡献的表现,故增列本项积分。

申请人在国家高新技术企业担任高级管理人员、核心技术人员,且在持股比例、工资收入等方面符合一定条件的,工作每满 1 年加 2 分,最高加 10 分。申请人在经认定的科技企业孵化器及众创空间中符合一定条件的创业企业投资或就业,且在投资金额、持股比例、工资收入等方面符合一定条件的,投资或就业每满 1 年加 2 分,最高加 10 分。申请人在经认定的科技企业孵化器及众创空间、技术转移服务机构、专业科技服务机构投资或就业,且在投资金额、持股比例、工资收入等方面符合一定条件的,投资或就业每满 1 年加 1 分,最高加 5 分。同时符合多项加分条件的,只计最高分。

④ 纳税指标及分值。申请人近三年工资、薪金以及劳务报酬的个人所得税纳税额平均每年在 3 万元以上、6 万元以上、9 万元以上、12 万元及以上的分别积 3 分、6 分、9 分、12 分。申请人近三年依法登记注册个人独资企业的投资人及个体工商户的经营者、有限责任公司的自然人股东、合伙企业的出资人,根据企业已缴纳的税金,以其出资比例计算纳税额,平均每年纳税 10 万元以上、20 万元以上、30 万元以上、40 万元以上的分别积 3 分、6 分、9 分、12 分。以上情况积分不累计,申请人只能任选其中一类积分。自 2017 年 1 月 1 日起,有涉税违法行为记录的个人、企业法人和个体工商户经营者,申请积分落户的,每条记录减 12 分。将现行积分落户方案中个人所得税、企业所得税分别达一定标准以上可获一次性加分,改为根据纳税额的多少获得不同等次的加分,有利于增强指标体系的公平性。

⑤ 年龄指标及分值。申请人年龄不超过 45 岁的,加 20 分;年龄超过 45 岁的,每增加 1 岁(含不满 1 岁)少加 4 分。

⑥ 配偶指标及积分。申请人夫妻双方均在本市就业,配偶缴纳社会保险每满 1 年积 1 分,最高 7 分。通常情况下,夫妻双方均在京合法稳定就业的流动人口更有可能就地定居,回归分析结果亦表明家庭式流动与流动人口积分落户意愿之间正向显著相关,故增补配偶积分指标。

---

① 国家科技三大奖指国家自然科学奖、国家发明奖、国家科技进步奖。
② 北京市现行积分落户政策方案将二者等量齐观。

⑦ 荣誉表彰指标及分值。申请人获得以下荣誉表彰之一的,加20分:被评选为省部级以上劳动模范;全国道德模范或首都道德模范;全国见义勇为英雄模范或首都见义勇为好市民。国家相关表彰另有规定的,按国家规定执行。以上情况积分不累计。

⑧ 守法、守信记录指标及分值。自2017年1月1日起,申请人在本市因违反有关法律被公安机关处以行政拘留处罚的,每条行政拘留记录减30分;有不良信用记录的,每条扣10分。之所以规定"自2017年1月1日起",原因在于《北京市积分落户管理办法(试行)》规定,北京市积分落户自该时点(2017年1月1日)起施行。信用是维系经济、社会秩序稳定的基石,故增设失信扣分项。

政府有关部门视实际情况制定积分落户方案实施细则,包括积分落户指标的具体认定标准和政策执行具体流程等,确定年度本类积分落户的名额。

4.积分准入普通落户

本类落户主要面向无法参加条件准入人才落户和积分准入人才落户的普通流动人口①。落户指标同样实行总量控制,名额视每年城市发展情况和流动人口落户需求而定。本类积分落户指标体系采取中央提倡的以合法稳定就业和合法稳定居住积分为主、简化积分指标的模式,具体积分落户方案如下。

(1)积分条件

申请人申请积分落户应同时符合下列条件:①自本方案实施之日起,持有北京市居住证,且年均持居住证不少于10个月。②不超过法定退休年龄。③在京连续缴纳社会保险7年及以上。④自2017年1月1日起,无刑事犯罪记录。之所以强调"自2017年1月1日起",原因同积分准入人才落户方案的同类部分。

(2)基础性积分

① 合法稳定就业指标及分值。申请人与在京用人单位签订正式劳动合同并连续工作满1年及以上,或在京投资兴办企业并连续经营满1年及以上,或在京注册登记为个体工商户并连续经营满1年及以上;以连续缴纳社会保险年限作为合法稳定就业年限的计分标准,每连续缴纳社会保险满1年积6分。

② 合法稳定住所指标及分值。申请人拥有取得本市房屋所有权证的自有住所;或签订正式房屋租赁合同,合法租赁符合登记备案、依法纳税等有关规定的住所;或居住在用人单位提供的具有合法产权的宿舍。申请人需连续居住满1年及以上。在合法租赁住所或单位宿舍每连续居住满1年积5分;在自有产权住所合法稳定居住的积分视同合法稳定租住积分,且在此基础上一次性另加15分。当连续居住年限多于缴纳社会保险年限时,以连续缴纳社会保险年限作为连续居住年限。之所以给予拥有自有产权住所者以一次性加分,理由同积分准入人才落户方案的同类部分。

---

① 符合条件的流动人口可自由选择参加人才落户、积分准入普通落户。

（3）加减分项

① 教育背景、职称、技能指标及分值。申请人取得大学专科（含高职）以上学历或助理级职称以上或国家职业资格证书三级（高级工）以上积5分。本方案面向非人才类普通流动人口，指标体系设计上淡化、简化学历和职称积分，增设少量劳动技能积分。

② 职住区域指标及分值。自2017年1月1日起，申请人住在本市城六区、工作在本市城六区以外的行政区，每满1年加0.5分，直到退休为止；职住双迁至城六区以外的行政区、合法稳定租住的申请人，每年加0.7分，直到退休为止；职住双迁至城六区以外的行政区且住在自有产权住所的申请人，每年加1分，直到退休为止。之所以如此，原因同积分准入人才落户方案的同类部分。

③ 配偶指标及积分。申请人已婚，且夫妻双方均在本市就业，配偶缴纳社会保险每满1年积1分，最高15分。之所以如此，原因同积分准入人才落户方案的同类部分。

④ 荣誉表彰指标及分值。申请人获得以下荣誉表彰之一的，积10分：被评选为省部级以上劳动模范、全国道德模范或首都道德模范、全国见义勇为英雄模范或首都见义勇为好市民。国家相关表彰另有规定的，按国家规定执行。以上情况积分不累计。

⑤ 紧缺工种及分值。申请人持本市紧缺工种的国家职业资格证书，且在该工种所属行业就业，积5分。增设该项积分，旨在吸纳城市发展急需的劳动力资源，促进其就业规范化。

⑥ 守法、守信记录指标及分值。自2017年1月1日起，申请人在本市因违反有关法律被公安机关处以行政拘留处罚的，每条行政拘留记录减15分；有涉税违法行为记录，每条记录减10分；有不良信用记录，每条减5分。之所以强调"自2017年1月1日起"，原因同积分准入人才落户方案的同类部分。

5. 摇号落户

在落户指标有限的背景下，无论积分准入还是条件准入都会使大多数流动人口因自觉落户无望而不参与落户，使落户方案蕴含的激励机制失灵，影响积分落户政策的实施价值。因此，有必要拿出部分落户指标（哪怕是极少的落户指标），采用摇号等完全随机方式来确定谁可以落户。在这样的机制里，每个人落户的概率都很小，但每个人又都不无可能，因而都有动力朝着落户方案设置的目标努力，实现预期的"激励"效果。

无论哪种落户方式都应既强调公平公正，又注意不把农民转成城市"贫民"[1]。如何避免把流动人口"落户"成城市贫民？比较有效的办法是设置必要的参与落户条

---

① 李克强.关于调整经济结构促进持续发展的几个问题[J].求是,2010(11):3-15.

件,如设置必要的缴纳社保的时长,以保证流动人口落户后能老有所养,老有所"医",这样就可以有效减轻城市政府推进流动人口就地市民化的成本与负担。为充分发挥落户政策的导向功能,还需在摇号落户政策方案中嵌入激励或惩戒机制,以强化落户机会获得与居住证持有、合法稳定租房、诚信守法之间的联动关系。

鉴于上述内容,建议规定:第一,根据经济社会发展、城市承载力、人口调控等需要,每年拿出少量的落户指标用于摇号落户。第二,参与摇号的流动人口须具备以下基本条件:①自本方案实施起,持北京市居住证,且持居住证以及在京合法稳定居住均不得少于年均 10 个月;②不超过法定退休年龄;③在京连续缴纳社会保险 5 年及以上;④自 2017 年 1 月 1 日以来,无刑事犯罪记录、行政拘留记录、涉税违法行为记录、不良信用记录。第三,本人符合以上四个条件、配偶在京连续缴纳社会保险 5 年及以上的流动人口,均可获得双倍摇号落户机会,以彰显对举家流动者落户的重视。第四,摇号落户与积分落户同时举行,流动人口可根据自身条件,自主选择参与摇号落户或积分落户。第五,摇号开始前,政府只审查申请人的社会保险条件是否符合,摇号结束后逐一审查摇号命中者应具备的其他条件,凡是其他条件不符合者自动失去落户机会,由后续者替补,以减轻摇号落户工作负担。

4.4.4 做好相关保障工作

逐步开放落户限制是中央对超大城市户籍改革的一贯要求,在各大城市纷纷开放落户限制、广纳人才的背景下,北京市逐步开放落户限制乃大势所趋。完善积分落户、条件准入落户政策,既需完善相关政策方案,也需采取相应的保障措施。

首先,科学布局、建设都市卫星城,大幅疏解中心城区产业和人口,增加流动人口落户指标。在落户指标高度稀缺的情况下,积分落户政策效果太有限①。就城市开发现实而言,在本市现有行政区域内,已难觅适合的地点建设承载中心城区产业及人口大规模转移的卫星城,在非本市行政区域内建这样的卫星城,又因北京市与周边地区的巨大差距而面临很大的产业及人口转移阻力。若采用行政手段强迫企事业单位转移,则不仅效果有限,而且会导致人才大量流失,乃至猪羊变色,有碍企事业单位健康、持续发展。中国人民大学若搬到河北,则有可能会变成河北人民大学或人民大学(河北),而非原汁原味的中国人民大学,这或许正是中国人民大学即使在京津冀一体化浪潮激荡下仍选在通州而非离通州一步之遥的廊坊"北三县"建设新校区的关键原因之一。北京市政府应努力争取中央同意,尽早将"北三县"等地纳入怀抱,进而科学规划、建设卫星城,广纳从中心城区转移来的产业、人口,大幅增加流动人口积分落户、条件落户名额。

---

① 因为在这种情况下,城市政府既难设定条件广纳城市发展需要的各类人力资源,也难保证相关政策方案暗含的多元"激励"机制能够发挥实质性作用。

其次,逐步摊薄北京市户口的"含金量"。户口"含金量"过高,不仅会导致流动人口为户口而非正常流动,而且会使本地人从维护户口"福利"的角度反对政府向流动人口大幅开放落户限制。北京户口中"含金量"最足的部分不是首都区位优势、发展机会、良好的社会秩序和公益设施等,而是随迁子女教育及高考"福利"。若无该"福利",高房价、高房租、高消费以及交通拥堵、环境污染等负面因素有可能使北京其他生活和工作优势抵消殆尽。不少拟积分落户的流动人口都十分坦诚地说,落户的目的就是为了子女能在京接受教育并参加高考。

"看着孩子渐渐长大……最担心的是孩子以后上学的问题,是回原籍上高中,参加高考。"①

"许多'北漂'人士最终放弃了在北京工作的机会,回到老家,究其原因,很重要的因素是考虑到孩子无法异地高考(即在京参加高考)……只要孩子上学的问题能解决,又有多少人真正在意北京户口呢?"②

"在北京,除教育外,其他的和北京市民基本上没有什么区别。如果只考虑工作,不考虑未来生活在哪儿,户口其实并没有什么大的区别。……以目前的政策,也意味着孩子将来必须回到原籍参加高考。我特别留意了一下 2019 年北京市参加高考的人数,北京今年不到 5.8 万人,而河北参加高考的学生是 40 万,不但数量相差太大,而且录取率也不一样,北京的一本录取率明显要高于河北。"③

"孩子上学后,因为未来不能在北京高考,没少落妻子抱怨……说实话,申报积分落户主要是为了解决孩子的上学问题。"④

由上足见北京户口蕴含的高考"福利"在"北漂"心中的分量之重。北京市既要巧借目前户口的"含金量",广纳四海俊彦和投资,大力发展经济,又应逐步减少户口"含金量",避免人口因户籍身份而非正常流入。逐步放开落户限制、城市适当扩容等措施本身就是摊薄户口背后的"福利"、减少户口"含金量"的有效办法之一。同时,还可通过高考招生录取制度改革的方式,直接削减北京户口背后的高考"福利"。例如,让优质高校的市场急需专业大幅扩招,将增加的本科招生指标全部投放到高考录取率较低的省区。如此,既可满足市场对专业人才的需要,又可让更多学生接受优质本科教育,以免家长因孩子高考考得不好,而被迫花费重金供孩子出国留学,还可有效解决省际高考录取率失衡问题,摊薄北京户口背后的高考"福利"。同时,通过 20 余年的涵养发展,我国优质高校优质专业的师生比已远非 21 世纪初可比,已具备适度扩招的潜能。因此,该做法有很大的可行性。

---

① 张宁."拿到新的身份证,还有些不能相信",积分落户圆"北漂"北京梦[EB/OL]. (2019-09-26)[2024-03-29]. https://www.takefoto.cn/viewnews-1913026.html.

② 陈婧."北漂一族"扎根梦是否更进一步?[N].中国经济时报,2015-12-14(2).

③ 北京积分落户意义重大[EB/OL]. (2019-07-17)[2024-03-29]. https://www.sohu.com/a/327418230_115495.

④ 董昆,郑新钰,刁静严.你的梦想照进现实了吗?北京首次积分落户尘埃初定[N].中国城市报,2018-10-22(7).

再次,切实解决流动人口随迁子女教育和住房问题。在流动人口所有属地服务中,数随迁子女教育服务和居住服务最为重要。由于随迁子女无法在京参加高考,全国省际初中、高中教材以及中考、高考试题不统一,随迁子女一到上初中的年纪就会被迫回原籍读书,否则未来中考、高考就会吃亏。为了使孩子不失管教,原本随丈夫一起流动的妻子往往不得不回乡陪读,由此直接导致了流动人口夫妻两地分居、骨肉分离,以及留守妻子、留守儿童的大量出现。此外,流动人口即使有幸积分落户成功,未成年子女可随迁并有幸在京参加高考,又因流入、流出地教材和中考、高考试题的不统一而面临很大的学习和考试适应问题。因此,建议可不统一全国高考试卷,而仅统一各地高考考试科目的教材和考试大纲,规定各地必须严格根据考试大纲命题,这样就可使随迁子女顺利在流入地上学而回户籍地参加高考,可有效减免夫妻两地分居、骨肉分离、留守妇女、留守儿童以及随迁落户子女教育适应等系列难题。再如,落户的背后是与之匹配的服务。逐步开放落户限制势必带来落户者的居住服务、随迁子女教育服务以及更多外地人口涌入北京等问题,而户口"含金量"越大,越放开落户限制,越易导致这些问题发生。这一切均需未雨绸缪。建议将流动人口住房保障暂定为"弱"保障,既尽力解决流动人口居住服务问题又不将其解决过好,以免"奖励"懒汉、激励流动人口为住房保障而流动。应细化需求、细分对象、细别地域,循序渐进、有针对性地分类解决流动青年的居住难题。在城区和近郊多点式建设安全卫生、管理有序的集体宿舍、胶囊公寓、小微型单间、小微型套间等,在远郊、卫星城等地建设中小型套间等,以准市场价面向不同类别、不同需求的流动人口出租。根据流动人口流向,及时改建、扩建、新建中小学校,妥善解决流动人口及新落户者随迁子女的义务教育问题。

最后,做好相关政策宣传工作。本课题组的问卷调查结果显示,接受、未接受社区居住证积分落户政策宣传的流动人口选择积分落户的比例分别是64.9%和52.6%,前者高于后者;部分了解和了解积分落户政策的流动人口选择积分落户的比例分别为61.5%和82.6%,不了解积分落户政策的流动人口选择积分落户的比例为35.7%,了解者明显高于不了解者[①];回归分析结果亦表明,积分落户政策知晓度与流动人口积分落户意愿之间显著正相关。建议搭建各种政策宣传平台,开展各类积分落户宣传活动,将相关宣传工作纳入政府绩效考核体系,迫使相关部门重视该政策的宣传工作,让该政策春风化雨、深入人心。

---

① 谢宝富,袁倩,田星雨,等.北京市居住证积分落户问题调查统计表[Z].北京航空航天大学公共管理学院"北京市居住证积分落户政策研究"课题组藏,2018-08-30.

第 5 章
总结与展望

　　本研究考察了北京市居住证积分落户政策的缘起、内涵、特征、价值、限度,分析了影响流动人口居住证申领及积分落户意愿的关键因素,提出了完善居住证积分落户政策的思路与建议等,主要观点及建议如下。

　　第一,在居住证的特征上,认为"持居住证可享哪些权利"与"办哪些事要带暂住证"乃同一枚硬币的两面,居住与暂住的一字之别揭示了流动人口政策宗旨的转变——由综治维稳为主转向强化属地服务为主。从人口管理而言,居住证有变"硬强制"为"软约束"的特征;与其他地方居住证一样,北京市居住证亦强调工具理性和价值理性之平衡。

　　第二,在居住证的价值和限度上,认为居住证对推动北京市户籍改革,加强流动人口服务管理,促进流动人口城市融入和就地市民化等确具正面价值,但也存在一些不容忽视的问题。

　　① 申领门槛偏高,程序较烦琐。"居住证申领门槛偏高"[①]是学界既有之说,本研究从以下角度辅证了该观点:(a)广州、武汉、成都、南京等市均未像北京市那样在"已有"6个月合法稳定就业、合法稳定居住或连续就读的基础上,增设至少6个月以上、可证明的合法稳定就业、合法稳定住所预期之类的规定;(b)武汉市2011年居住证申领条件与原暂住证神似,近乎零门槛,行之多年,未曾令武汉不堪重负;(c)将居住证定为基本服务和便利的获得凭证,重要服务采取"居住证+就业年限等"模式,没必要为居住证设置过高的门槛。

　　② 赋权模糊且缺乏合理的梯次。(a)居住证虽具普惠性但蕴含福利不足,积分落户赋权十足(可获完整市民权)却又小众,两者之间缺乏应有的梯度赋权,断裂感相当明显。(b)赋权体系欠完备。在获取家用轿车车牌、购买商品房及自住房、租住公租房和积分落户上,北京市采取的是以居住证为基础的就业年限赋权或综合积分赋权模式,且梯级设置不尽合理。获取家用轿车车牌、购买商品房及自住房、租住公租房等权益的含金量有别,尤其是购买自住房与其他权益差距很大,不加区别地一律采用流动人口连续5年及以上社保或纳税后方可参与摇号方式,缺乏渐进缓释,未免太过简省。(c)政策文本对居住证赋权表述简略,仅重复国务院相关规定,未做必要的解释和延展。

　　③ 居住证权益负载薄弱,功能拓展不足。从实施情况看,居住证政策的重心仍在信息采集,福利赋予和权利保障进展较慢。表面看来,流动人口关注的顺序是就业、住房、子女教育、医疗卫生和社会保障[②],实则就业是凭本事吃饭,无就业不"北漂";若正规就业,社保、医疗则由"五险一金"解决;唯有子女教育和居住服务才是他们最为挂念的,而这恰恰又是居住证赋权的短板。与广东、浙江、重庆、江西等省市将居住证功能拓展到诸多生活和工作领域不同的是,北京市居住证依旧功能比较单一,

---

　　① 详见本书"2.2.3 有关居住证的研究"之"居住证政策存在的问题"部分。

　　② 详见本书"3.2.2 政策限度"部分。

作用相对有限。

④ 政策执行不尽规范,部分规定有扰民之嫌,造假违规时有发生;政策宣传不尽到位,政策知晓率偏低,居住证持有率有待提高。

第三,在影响流动人口居住证申领意愿上,回归分析结果表明,个体特征、流动方式、属地服务需求、城市禀赋感知、社会参与及融入以及政策知晓度等六大因素对流动人口居住证申领意愿均有影响;其中年龄、收入、流动方式、居住服务需求、子女教育服务需求、购房情况、居住时长、定居意愿、政策知晓度等变量均与流动人口居住证申领意愿显著相关。回归分析获得的认识为提出合理化建议提供了必要的支撑。例如,第3章中谈及居住证赋权时,即基于家庭式流动与流动人口居住证申领意愿的正向显著相关,建议居住证赋权时应对家庭式流动人口予以适度倾斜;基于在京购房情况、家庭或准家庭方式流动与流动人口申领居住证、积分落户意愿均显著相关等,建议适当延长在京已购房、夫妻双方均在京合法稳定就业的流动人口的居住证有效期;基于政策知晓度与居住证申领意愿显著相关等,建议政府重视并加强居住证政策宣传工作等。

第四,在完善居住证政策的思路与办法上,提出了如下思路与建议。

① 降低申领门槛,简化申领程序。像广州、武汉、成都、南京等市一样仅设"已有"6个月以上在京居住时间的门槛,取消"还有"6个月以上、可证明的在京合法稳定就业或合法稳定居住预期之类的规定。在国务院政策允许范围内,废除居住登记卡,彻底降低居住证申领条件,规定流动人口申领居住证可享有基础性权益和便利,但在子女教育和居住等关键服务方面,根据权利和义务对等原则,以合法稳定就业年限为主,结合居住、家庭等因素,建立梯级赋权体系。例如,在随迁子女入学上建立如表3.10所示的梯级赋权体系。综合考虑城市承载力、流动人口需求、户籍人口的利益等因素,确定随迁子女异地中考、异地高考的招生指标(根据人口调控需要进行总量控制,可防流动人口过度流入),以居住证+合法稳定就业年限为主,参考居住、家庭等情况,确定哪些随迁子女享有异地中考、异地高考的权利,有序开放异地中考、异地高考。

② 工作居住证附着的权益远胜于普通居住证,是流动人口更高层次的居住证,应允许流动人口持工作居住证参与积分落户,无需为积分落户再申领普通居住证。配偶是京籍且在京有住房的流动人口到外地工作概率小,已在京购房且夫妻双方均在京工作或子女在京接受义务教育或在京连续缴纳社保或纳税5年以上的流动人口,再次流动概率同样较小,应适当延长其居住证的有效期,减少不必要的叨扰。

③ 整合资源共享平台,建设统一、规范和移动采集终端互联的人口信息管理系统,实现教育、住建、公安、交通、社保、卫生健康及民政等部门人口信息互联互通,扩充IC卡式居住证的机读信息,实现政府服务、公用事业、商业金融等跨行业、跨部门信息共享。拓展居住证的服务功能,使其由"一证一能"变为"一证多能",成为名副其实的"一证通"。

第五,在梳理积分落户政策缘起、内涵的基础上,分析了北京市积分落户政策的如下特征:政策目标多元化,积分指标体系具有综合性;强调合法稳定就业、合法稳定居住积分的基础而非主导作用;重视不同类别积分落户指标之间的赋分平衡,以免积分落户指标向高学历的流动人口过度倾斜,一定程度上体现了对中央相关政策要求的遵从;积分落户门槛高,落户名额少;指标体系简约明了,操作便捷、准确。

第六,在肯定北京市积分落户政策正面价值的基础上,系统地分析了其存在的四大内在矛盾。

① 流动人口普遍性享有市民权利与城市人口调控需要之间存在矛盾。强调流动人口落户权利的普及性,追求积分落户规模最大化,很难不触及人口调控的底线;根除"大城市病",厉行人口调控,又很难较大幅度地扩大积分落户规模。近年来,北京市实施积分落户政策后,常住流动人口数稳中有降的结果表明北京市积分落户规模尚有一定的扩大空间。

② 推动流动人口平等落户的价值理性与促进城市发展经济的工具理性之间存在矛盾。若强调价值理性,给予流动人口以平等落户权,则积分落户指标需以合法稳定就业、合法稳定居住为主,年龄、学历、创新创业、纳税、奖励等指标应退居其次;若强调工具理性,主张借积分落户吸纳人才、投资,发展本地经济,则积分落户指标需以年龄、学历、创新创业、纳税、奖励等为主,合法稳定就业、合法稳定居住退居其次。两个理性之间存在"天然"矛盾,顾此难免失彼;彼此兼顾,很可能貌似兼顾,实则二者都"顾不够"。北京市积分落户政策追求的乃是二者兼顾而非仅顾其一,主要表现是重视学历学位积分与合法稳定就业、合法稳定居住积分之间的积分平衡,在给予合法稳定就业、合法稳定居住较高积分且累计积分可到退休为止的同时,又给予不超过 45 岁的申请人以 20 分的年龄分,超过 45 岁的,每增加 1 岁(含不满 1 岁),少加 4 分,以免积分指标过于向年长者倾斜。不过,从近年积分落户结果来看,二者兼顾的政策目标并未得到较好的落实。

在年龄方面,北京市积分落户方案给予不超过 45 岁的申请人以 20 分年龄分,超过 45 岁的,每增加 1 岁(含不满 1 岁),少加 4 分,看似向年轻人大幅倾斜,实则既强调合法稳定就业及居住积分的基础性地位,又注意防止户籍人口老龄化趋势。从实施结果来看,北京市积分落户政策既未向 35 岁以下的青年才俊倾斜,也未向 48 岁以上的年长者倾斜,而主要向 40～47 岁的人群倾斜,其次是向近 40 岁者倾斜。35 岁以下的流动人口积分落户成功者稀少。

在学历学位方面,尽管北京市积分落户政策重视学历学位与合法稳定就业、合法稳定居住的赋分平衡,但若联系科技文化奖励和创新创业等加分、高学历流动人口合法稳定就业概率更大、缴税更多等因素,高学历流动人口在积分落户上仍有较大优势。只是,在积分落户指标高度有限的背景下,仅靠高学历、科技文化奖励、创新创业、纳税等加分也很可能不够,还需合法稳定就业、合法稳定居住积分的加持,才有机会在积分落户中脱颖而出,因而近几年北京市积分落户者多为 40 多岁、近 40 岁而非更年轻的科技文化精英。与 30 岁左右的科技新锐相比,40 多岁的科技工作者创新能力一般稍逊一筹。

③ 积分指标体系重视导向功能与其引导力度有限、配套措施不足之间存在矛盾。北京市积分指标体系在诸多方面均嵌入了积极的导向机制,但在引导力度和配套措施上仍有不足。例如,居住证是流动人口服务、管理的重要抓手,北京市虽规定流动人口申请积分落户须持居住证,但并未规定持居住证多久才能申请积分落户,积分落户对流动人口长期持居住证的激励作用不免因之受损。再如,北京市积分落户政策虽重视借助积分落户促进职住平衡,规定申请人将居住地、就业地由城六区转移到其他行政区的有不同加分,但持续时间仅数年,那么数年后怎么办? 给申请人居住地做如上迁出、就业地不做如上迁出者以加分,不仅不会减少城市交通"潮汐"及拥堵,反而会加剧交通"潮汐"及拥堵;给申请人就业地做如上迁出、居住地不做如上迁出者以加分,会减少交通"潮汐"及拥堵,可北京市 2020 版积分落户方案(即现行方案)却取消了该类加分。在城六区产业向外疏解缓慢、非城六区产业较少的背景下,片面强调居住外迁,难以实现稳定的职住平衡。可见,合理布局卫星城、大幅疏解中心城区产业才是应该优先考虑的。又如,北京市积分落户政策设置了不菲的学历积分、科技文化及道德奖励积分、纳税及创新创业积分,这些积分在落户指标极其有限的背景下,足以使普通流动人口很难有积分落户机会,既然无落户机会,那么"导向""激励"机制自然会"失灵"。

④ 积分指标的简略性与合理性之间存在矛盾。积分落户千头万绪,秉持从简原则乃现实之举,但太过简省也会引发指标体系的不合理。只认学历学位分,不认职称技能分,难免导致有正高级职称的本科学历者不如无职称的"小硕(士)"一枚。夫妻双方同为长期合法稳定就业者多属"不流动"的流动人口,积分指标体系完全不考虑家庭因素,亦稀释了其应有的合理性。

第七,对流动人口积分落户意愿的影响因素的回归分析发现:年龄与流动人口积分落户意愿之间呈倒 U 形分布;在婚及文化程度较高的流动人口参与积分落户的意愿较强;月入万元以上、已买或正在买或准备买房的流动人口更愿意积分落户;居住服务需求、子女教育服务需求越迫切的流动人口越愿意积分落户;越认可落户北京对后代很重要的流动人口积分落户意愿越强;拟在京定居的流动人口更愿意积分落户;越了解相关政策的流动人口越愿意积分落户。这些结论为提出相关建议和方案增添了必要的理据。例如,本书第 4.4 小节基于家庭或准家庭方式流动、在京购房情况与积分落户意愿均显著相关等,建议在积分落户指标体系中增设配偶类积分指标,给予在京有自有产权住所的申请人以加分;基于政策了解度与积分落户意愿显著相关等,建议政府重视并加强积分落户政策宣传工作。

第八,在完善积分落户政策的思路与办法方面,提出了如下建议与方案。

① 适度增加积分落户指标。合理建设卫星城,借此较大幅度地增加落户指标。

② 将现行职住平衡指标修改为:自 2017 年 1 月 1 日起,申请人住在本市城六

区、工作在本市城六区以外的行政区,每满 1 年加 0.5 分,直到退休为止;职住双迁至城六区以外的行政区、合法稳定租住的申请人,每年加 0.7 分,直到退休为止;职住双迁至城六区以外的行政区且住在自有产权住所的申请人,每年加 1 分,直到退休为止。

③ 变以一套积分落户指标体系适用多类流动人口为针对不同需求、不同流动人口采取不同类别的落户政策:(a) 条件准入人才落户,面向极富创新能力的青年科技精英,以满足北京市打造国际科技创新之都的人才需求;(b) 条件准入投资落户,面向在本市非城六区的合适区域投资兴办符合北京产业发展方向的企业且投资额或持股份额达到一定标准的流动人口;(c) 积分准入人才落户,面向无法参加条件准入人才落户、已在京就业的非本地户籍的其他人才;(d) 积分准入普通落户,面向无法通过以上途径落户的普通流动人口,指标体系采取中央提倡的以合法稳定就业和合法稳定居住积分为主、简化积分指标体系的积分落户模式;(e) 摇号落户,面向无法通过以上途径落户、符合一定条件的流动人口,该类落户门槛最低,旨在让更多流动人口不会全无落户机会,以免积分指标体系蕴含的"导向""激励"机制失灵。本研究在草拟以上各类方案之余,还适当解释了其合理性。

在南北经济失衡加剧的背景下,作为我国北方经济重镇的北京不能不发展经济,发展经济焉能不要四海俊彦、八方投资?不将人才落户单列,谈积分落户指标以合法稳定就业、合法稳定居住为主是不现实的。反观深圳等市现行积分落户指标之所以能以合法稳定就业、合法稳定居住为主,乃是将人才落户(落户门槛较低)、投资落户单列后,再行积分落户。既然如此,北京市也可以将流动人口落户分为人才落户、条件准入投资落户、积分准入普通落户三类,进而制定不同的落户方案。

持居住证是积分落户的前提,积分落户是持居住证者的归途。二者同为我国新型城镇化背景下促进流动人口市民化的政策工具。积分落户是为流动人口提供完整的市民待遇,居住证是为尚未落户的流动人口提供属地服务,二者合在一起才是完备的流动人口服务系统;居住证是显见的服务凭证,积分落户是显见的户籍改革路径,但扩大居住证赋权等于变相减少户籍背后的权益,待到二者权益相当之时,正是权益性户籍失灵、退场之日。从这个角度说,居住证何尝不属渐进式户籍改革?积分落户虽属户籍改革,但可借与居住证的链接,如规定要积分落户就需持居住证多久,迫使流动人口不得不积极申领居住证,以促进流动人口属地服务、管理。由此看来,居住证和积分落户确为户籍改革和流动人口服务管理的"一体两翼"。

流动人口"流"入北京是为了生活,"留"在北京是为了更好的生活。提升流动人口居住证申领率,让更多都市异乡人享有现行居住证背后的权益和便利,让为数尚少的流动人口通过积分落户,实现完全市民化,只是"万里长征的第一步",还需切实加强流动人口属地服务工作,让持居住证者有资格享有越来越多、越来越厚实的权益,让越来越多的流动人口在京落户定居、就地市民化。只有这样,留京的"他们"方能如愿收获更好的生活、更美的人生。

参考文献

[1] 陆杰华,李月.居住证制度改革新政:演进、挑战与改革路径[J].国家行政学院学报,2015(5):50-56.

[2] 陆杰华.首都人口调控背景下的居住证制度设计[J].北京观察,2015(11):17-19.

[3] 杨菊花.浅议《居住证暂行条例》与户籍制度改革——兼论居住证与新型城镇化[J].东岳论丛,2017(3):58-66.

[4] 王阳.居住证制度地方实施现状研究——对上海、成都、郑州三市的考察与思考[J].人口研究,2014(3):55-66.

[5] 王阳.我国居住证制度实施现状、评价及推广建议——基于对郑州市的考察[J].北方经济,2015(7):36-39.

[6] 王阳.城镇化背景下户籍制度变革的历史演绎与未来建言[J].上海城市管理,2012(2):41-45.

[7] 袁方,史清华,晋洪涛.居住证制度会改善农民工福利吗?——以上海为例[J].公共管理学报,2016(1):105-116.

[8] 郭秀云."居住证"离户籍有多远?——基于广东地区的分析兼与上海比较[J].南方人口,2010(3):28-34.

[9] 王春蕊.论农业转移人口市民化进程中居住证管理制度的完善[J].中州学刊,2015(6):60-65.

[10] 姚先国,叶环宝,钱雪亚.人力资本与居住证:新制度下的城乡差异观察[J].广东社会科学,2016(2):5-11.

[11] 张玮,王琼,缪艳萍,等.大城市外来人口离"市民待遇"还有多远?——以上海市居住证制度为背景[J].人口与发展,2008(4):52-56.

[12] 孙伟,夏锋.以居住证制度取代城乡二元户籍制度的改革路径研究[J].经济体制改革,2018(4):26-30.

[13] 付昌奎,邬志辉.居住证制度下随迁子女受教育权实现的法学分析——以权利的存在形态为视角[J].教育科学,2017(4):11-16.

[14] 李丽梅,陈映芳,李思名.中国城市户口和居住证制度下的公民身份等级分层[J].南京社会科学,2015(2):52-60.

[15] 李耸婷.居住证政策实施效果评估及发展报告——以浙江省为例[J].人民论坛,2011(34):118-119.

[16] 邹湘江.居住证制度全面实施的问题探讨——基于武汉市1095个流动人口样

本的调研分析[J].调研世界,2017(3):10-14.

[17] 朱靖宇.居住证制度落地:时代要求、困境及其实践路径——基于社会治理的分析[J].法制与社会,2016(7):165-168.

[18] 李世美,沈丽.居住证制度与户籍制度改革:北京、上海、深圳的政策解读与对比[J].山东农业大学学报(社会科学版),2018(1):66-74.

[19] 张国锋.居住证制度是户籍制度渐进改革的过渡[J].公安研究,2012(1):31-34.

[20] 田明.户籍制度与居住证制度争论的焦点与改革方向[J].中国党政干部论坛,2016(1):75-76.

[21] 张炜.对积分落户制度设计的几点思考[J].前线,2015(1):34-36.

[22] 陈景云,刘志光.流动人口积分制管理的效果分析——以深圳市为例[J].中国人口科学,2013(6):91-101.

[23] 郑梓桢,宋健.中山市流动人口积分制管理存在的问题及对策分析[J].南方人口,2011(4):57-64.

[24] 孔繁荣.居住证管理在我国大城市人口管理中作用的探讨[J].人口与经济,2008(1):43-46.

[25] 叶继红.城市实行外来人口居住证制度的公共政策分析——以苏州市为例[J].人口与发展,2009(2):27-33.

[26] 张小劲,陈波.中国城市积分入户制比较研究:模块构成、偏好类型与城市改革特征[J].华中师范大学学报(人文社会科学版),2017(6):1-10.

[27] 刘同辉,丁振文,毛大立.上海市居住证积分指标体系研究[J].社会科学,2014(10):80-89.

[28] 钱雪亚,胡琼,苏东冉.公共服务享有、居住证积分与农民工市民化观察[J].中国经济问题,2017(5):47-57.

[29] 谢宝富.居住证积分制:户籍改革的又一个"补丁"?——上海居住证积分制的特征、问题及对策研究[J].人口研究,2014(1):90-97.

[30] 李竞博,高瑗,原新.积分落户时代超大城市流动人口的永久迁移意愿[J].人口与经济,2018(1):17-27.

[31] 李飞,杜云素.城镇定居、户籍价值与农民工积分落户——基于中山市积分落户入围人员的调查[J].农业经济问题,2016(8):82-92.

[32] 李明超.城市流动人口管理变革:透视积分制[J].重庆社会科学,2016(11):13-20.

[33] 赵德余.广东积分落户管理政策的经验及其对上海的启示[J].科学发展,2013(8):109-112.

[34] 黄岩.流动人员积分制管理模式的功能与效果分析——以广东省中山市为例

[J].岭南学刊,2012(4):43-47.

[35] 李晓壮.居住证积分落户规模初步测度与分析——以北京市为例[J].调研世界,2016(7):8-13.

[36] 邓雪琳.外来流动人口积分制改革存在的问题与对策分析——以珠三角地区为例[J].湖北行政学院学报,2014(4):68-72.

[37] 潘鸿雁.居住证积分制调控与流动人口家庭社会服务体系建设[J].上海行政学院学报,2017(1):73-82.

[38] 康岚.新"土客"关系中的外群印象与差异化接纳——兼谈完善居住证积分制的民意基础[J].城市发展研究,2015(1):116-122.

[39] 侯慧丽.积分入户制在城市化进程中的风险分担——以深圳市为例[J].新视野,2014(6):97-101.

[40] 陈景云.流动人口积分制管理的价值、限度与展望——以深圳市为例[J].岭南学刊,2014(1):42-49.

[41] 涂一荣,鲍梦若.超越工具理性:我国户籍制度改革的实践反思[J].华中师范大学学报(人文社科版),2016(4):11-18.

[42] 任远.中国户籍制度改革:现实困境和机制重构[J].南京社会科学,2016(8):46-52.

[43] 郭秀云.大城市户籍改革的困境及未来政策走向——以上海为例[J].人口与发展,2010(6):45-51.

[44] 张晓敏,张秉云,张正河.人口要素流动门槛变迁视角下的户籍制度改革[J].哈尔滨工业大学学报(社会科学版),2016(6):68-73.

[45] 邹一南.户籍改革的路径误区与政策选择[J].经济学家,2018(9):88-97.

[46] 余佳,丁金宏.中国户籍制度:基本价值、异化功能与改革取向[J].人口与发展,2008(5):23-32.

[47] 肖海英.论我国户籍制度功能的异化及其回归[J].浙江社会科学,2004(3):121-124.

[48] 褚宏启.城镇化进程中的户籍制度改革与教育机会均等——如何深化异地中考和异地高考改革[J].清华大学教育研究,2015(6):9-16.

[49] 杨凤.户籍制度对农民工市民化的制约[J].兰州学刊,2011(6):129-132.

[50] 卢海阳,梁海兵,钱文荣.农民工的城市融入:现状与政策启示[J].农业经济问题,2015(7):26-36.

[51] 张国胜,陈明明.我国新一轮户籍制度改革的价值取向、政策评估与顶层设计[J].经济学家,2016(7):58-65.

[52] 王清.制度变迁过程中的碎片化:以户籍制度改革为例[J].学术研究,2015(4):55-61.

[53] 付志虎.城乡二元户籍制度惯性与农民市民化行为选择[J].农村经济,2019(1):97-103.

[54] 王瑜.户籍制度改革的困境:理性利益主体的视角[J].贵州社会科学,2017(3):147-154.

[55] 贾付强,王昌燕.权益分配、制度设计与城镇化进程中的户籍制度改革[J].广西社会科学,2015(7):162-166.

[56] 袁媛.我国户籍制度改革中的路径依赖研究[J].农村经济,2015(1):19-23.

[57] 王美艳,蔡昉.户籍制度改革的历程与展望[J].广东社会科学,2008(6):19-26.

[58] 唐克.户籍制度改革与城市化进程研究[J].内蒙古社会科学(汉文版),2007(2):116-119.

[59] 熊万胜.新户籍制度改革与我国户籍制度的功能转型[J].社会科学,2015(2):78-88.

[60] 冯晓英.改革开放以来北京市流动人口管理制度变迁评述[J].北京社会科学,2008(5):66-71.

[61] 张真理.北京市流动人口服务管理史略(1978—2008)[J].兰州学刊,2009(7):113-118.

[62] 赵德余,彭希哲.居住证对外来流动人口的制度后果及激励效应——制度导入与阶层内的再分化[J].人口研究,2010(6):43-54.

[63] 唐亚林,郭林.公共服务视角下超大城市外来人口公民权利的建构之道[J].理论探讨,2019(4):25-32.

[64] 尹德挺,黄匡时.改革开放30年我国流动人口政策变迁与展望[J].新疆社会科学(汉文版),2008(5):106-110.

[65] 战俊.构建流动人口动态管理模式的探索[J].中国行政管理,2013(9):119-121.

[66] 吴文恒,李同昇,朱虹颖,等.中国渐进式人口市民化的政策实践与启示[J].人口研究,2015(3):61-73.

[67] 王佃利,刘保军,楼苏萍.新生代农民工的城市融入——框架建构与调研分析[J].中国行政管理,2011(2):111-115.

[68] 穆光宗,江砥.流动人口的社会融合:含义、测量和路径[J].江淮论坛,2017(4):129-133.

[69] 耿明斋.人口流动、制度壁垒与新型城镇化——基于实地调查的报告[M].北京:社会科学文献出版社,2013.

[70] 金维刚,石秀印.中国农民工政策研究[M].北京:社会科学文献出版社,2016.

[71] 李强.农民工与中国社会分层[M].北京:社会科学文献出版社,2004.

[72] 冯晓英.当代北京流动人口管理制度变迁研究[M].北京:北京出版社,2008.

[73] 黄石鼎.流动的城市:管理与服务——基于广州流动人口的城市治理研究[M].广州:广州出版社,2013.

[74] 韩世强.农民工随迁子女的权利保障研究[M].北京:法律出版社,2012.

[75] 唐豪,马光红,庞俊秀.大都市流动人口居住问题研究[M].上海:上海大学出版社,2012.

[76] 陆益龙.超越户口:解读中国户籍制度[M].北京:中国社会科学出版社,2004.

[77] 姚秀兰.户籍、身份与社会变迁——中国户籍法律史研究[M].北京:法律出版社,2004.

[78] 王威海.中国户籍制度:历史与政治的分析[M].上海:上海文化出版社,2006.

[79] 刘阳阳.新中国户籍制度改革中的路径依赖及其应对思考[D].长春:吉林大学,2016.

[80] 周星累.温州市流动人口居住证管理研究[D].福州:福建农林大学,2017.

[81] 陈冲.北京市居住证立法问题研究[D].北京:中央民族大学,2015.

[82] HEBERLE R. The Causes of Rural-Urban Migration: a Survey of German Theories[J]. American Journal of Sociology, 1938, 43(6):932-950.

[83] LEE E S. A Theory of Migration[J]. Demography, 1966, 3(1): 47-57.

[84] LEWIS W A. Economic Development with Unlimited Supplies of Labour[J]. The Manchester School, 1954, 22(2):139-191.

[85] LEWIS W A. Unlimited Labour: Further Notes[J]. The Manchester School, 1958, 26(1):1-32.

[86] SEN A K, FEI J C H, RANIS G. Development of the Labour Surplus Economy: Theory and Policy[J]. The Economic Journal, 1967, 77(306):346.

[87] JORGENSON D W. Surplus Agricultural Labour and the Development of a Dual Economy[J]. Oxford Economic Papers, 1967, 19(3): 288-312.

[88] STARK O, BLOOM D E. The New Economics of Labor Migration[J]. American Economic Review, 1985, 75(2):173-178.

[89] JOHN K, JAMES R W. The Effect of Expected Income on Individual Migration Decisions[J]. Econometrica, 2011, 79(1):211-251.

[90] ROLAND V, STEFFEN M, NANA S, et al. Skilled German Migrants and Their Motives for Migration Within Europe[J]. Journal of International Migration and Integration, 2010, 11(3):273-293.

[91] DAVID A, BARWINSKA-MALAJOWICZ A. Opting for Migration: Is It Just an Economic Necessity? A Comparison Between German and Polish Highly Skilled Graduates[J]. Journal of Education & Training Studies,

2015，3(2)：114-125.

[92] DIAZ-SERRANO L, STOYANOVA A P. Mobility and Housing Satisfaction: an Empirical Analysis for 12 EU Countries[J]. Journal of Economic Geography, 2010, 10(5):661-683.

[93] KUREKOVÁ L. Welfare Systems as Emigration Factor: Evidence from the New Accession States[J]. Journal of Common Market Studies, 2013, 51 (4):721-739.

[94] GREEN A G, GREEN D A. Canadian Immigration Policy: The Effectiveness of the Point System and Other Instruments[J]. Canadian Journal of Economics, 1995, 28(4b):1006-1041.

[95] WASEM R, HADDAL C. Point Systems for Immigrant Selection: Options and Issues[R]. Congressional Report for Congress, 2007-06.

[96] KOMINE A. When Migrants Became Denizens: Understanding Japan as a Reactive Immigration Country[J]. Contemporary Japan, 2014, 26 (2): 197-222.

[97] COBB-CLARK D A. Do Selection Criteria Make a Difference? Visa Category and the Labour Market Status of Immigrants to Australia[J]. Economic Record, 2000, 76(232):15-31.

[98] BEACH C M, WORSWICK C, GREEN A G. Impacts of the Point System and Immigration Policy Levers on Skill Characteristics of Canadian Immigrants[M]//Chiswick B R. Research in Labor Economics. Bingley: Emerald (MCB UP), 2007:349-401.

[99] AYDEMIR A. Immigrant Selection and Short-term Labor Market Outcomes by Visa Category[J]. Journal of Population Economics, 2011, 24 (2): 451-475.

[100] CHEMIN M, SAYOUR N. The Effects of a Change in the Point System on Immigration: Evidence from the 2001 Quebec Reform[J]. Journal of Population Economics, 2016, 29(4):1217-1247.

[101] TANNOCK S. Points of Prejudice: Education-Based Discrimination in Canada's Immigration System[J]. Antipode, 2011, 43(4):1330-1356.

[102] ALBA R, NEE V. Rethinking Assimilation Theory for a New Era of Immigration[J]. International Migration Review, 1997,31(4):826-874.

[103] STARK O, TAYLOR J E. Migration Incentives, Migration Types: The Role of Relative Deprivation[J]. The Economic Journal, 1991, 101(408): 1163-1178.

[104] TODARO M P. A Model of Labor Migration and Urban Unemployment in Less Developed Countries[J]. American Economic Review, 1969, 59(1): 138-148.

[105] DOERINGER P B, PIORE M J. Internal Labor Markets and Manpower Analysis[M]. New York: ME Sharpe, 1985.

[106] SALAMON S. Newcomers to Old Towns: Suburbanization of the Heartland[M]. Chicago: University of Chicago Press, 2007.

附录

北京市流动人口居住证积分落户问题调查问卷

(限流动人口填写)

本问卷每题只选一个答案,匿名填答,结果只用于学术研究,不对外公开,感谢支持!

——北京航空航天大学公共管理学院课题组

1. 您了解北京市居住证政策吗?
   ① 了解　　　　　　　　② 部分了解　　　　　　　③ 不了解

2. 假如您想办理居住证,您最主要的目的会是哪一个?
   ① 享受公共服务　　　　② 办事便利　　　　　　　③ 遵循本地要求
   ④ 为积分落户做准备　　⑤ 其他

3. 假如您不想办理居住证,最主要的原因会是哪一个?
   ① 不了解　　　　　　　② 不符合条件　　　　　　③ 自觉意义不大
   ④ 嫌麻烦　　　　　　　⑤ 其他

4. 您的居住证办理情况如何?
   ① 已办理、正在办理或准备办理　　　　　　　　　② 不准备办理

5. 您了解北京市积分落户政策吗?
   ① 了解　　　　　　　　② 部分了解　　　　　　　③ 不了解

6. 假如您想参加积分落户,您最想借此解决哪一问题?
   ① 子女教育　　　　　　② 住房　　　　　　　　　③ 就业
   ④ 社会保障　　　　　　⑤ 其他

7. 假如您不想参加积分落户,最主要的原因会是哪一个?
   ① 不了解　　　　　　　② 不符合条件　　　　　　③ 自觉希望不大
   ④ 自觉意义不大　　　　⑤ 嫌麻烦　　　　　　　　⑥ 其他

8. 您是否准备参加积分落户?
   ① 是　　　　　　　　　② 否

9. 流动人口应同时具备持有北京市居住证、不超过法定退休年龄、在京连续缴纳社会保险 7 年及以上、无刑事犯罪记录四项条件才可申请积分落户,您是否满足该条件?
   ① 是　　　　　　　　　② 否

10. 您是否在科技企业孵化器、众创空间、技术转移或专业科技服务机构投资或就业?
    ① 是　　　　　　　　　② 否

11. 您是否在科技、文化领域及创新创业大赛中获得过国家级或北京市级奖项?
    ① 是　　　　　　　　　② 否

12. 您在京连续缴纳社会保险多久?
    ① 2 年以下　　　　　　② 3～6 年　　　　　　　③ 7 年及以上

13. 您最近 3 年连续缴纳个人所得税年均是否在 10 万元以上?
    ① 是　　　　　　　　　② 否

14. 您在京购房情况如何？
　　① 已买或正在买　　　　② 准备买　　　　　　　③ 不准备买

15. 您所住的社区是否向您宣传过居住证积分落户政策？
　　① 是　　　　　　　　② 否

16. 您需要北京提供居住服务吗？
　　① 迫切需要　　　　　② 需要但不迫切　　　　　③ 不需要

17. 您需要北京提供就业服务吗？
　　① 迫切需要　　　　　② 需要但不迫切　　　　　③ 不需要

18. 您需要北京提供医疗卫生服务吗？
　　① 迫切需要　　　　　② 需要但不迫切　　　　　③ 不需要

19. 您需要北京提供子女教育服务吗？
　　① 迫切需要　　　　　② 需要但不迫切　　　　　③ 不需要

20. 您对北京流动人口居住服务满意吗？
　　① 满意　　　　　　　② 一般　　　　　　　　　③ 不满意
　　④ 说不清

21. 您对北京流动人口就业服务满意吗？
　　① 满意　　　　　　　② 一般　　　　　　　　　③ 不满意
　　④ 说不清

22. 您对北京流动人口医疗卫生服务满意吗？
　　① 满意　　　　　　　② 一般　　　　　　　　　③ 不满意
　　④ 说不清

23. 您对北京流动人口子女教育满意吗？
　　① 满意　　　　　　　② 一般　　　　　　　　　③ 不满意
　　④ 说不清

24. 您是否觉得在北京比在其他地方更有发展前景或薪水更高？
　　① 是　　　　　　　　② 否

25. 您是否觉得在北京比在其他地方生活质量更高？
　　① 是　　　　　　　　② 否

26. 您是否觉得北京比其他地方更有秩序？
　　① 是　　　　　　　　② 否

27. 您是否认为北京户口是荣誉和地位的象征？
　　① 是　　　　　　　　② 否

28. 您是否认为落户北京对后代很重要？
　　① 是　　　　　　　　② 否

29. 北京的交通拥堵和空气污染是否严重影响您的生活质量？
　　① 是　　　　　　　　② 否

30. 北京的高房价、高房租、高消费是否让您有难以立足之感？
    ① 是　　　　　　　② 否

31. 您对故乡是否十分怀念？
    ① 是　　　　　　　② 否

32. 您是否难舍家乡的房产或土地？
    ① 是　　　　　　　② 否

33. 您常参加北京社区文化娱乐活动吗？
    ① 经常　　　　　　② 偶尔　　　　　　③ 没有

34. 您常参加北京社会管理或服务工作吗？
    ① 经常　　　　　　② 偶尔　　　　　　③ 没有

35. 您结交的北京朋友多吗？
    ① 很多　　　　　　② 较多　　　　　　③ 一般
    ④ 较少　　　　　　⑤ 很少

36. 您在北京常有"家"的感觉吗？
    ① 经常　　　　　　②偶尔　　　　　　③ 没有

37. 您未来的定居意愿是：
    ① 在北京定居　　　② 回老家定居　　　③ 到其他地方定居

38. 假如一直能租到合适的房子，您会在北京定居吗？
    ① 会　　　　　　　②不会

39. 如果北京每年积分落户指标为 8～10 万人，您是否会参加积分落户？
    ① 是　　　　　　　② 否

40. 如果北京每年积分落户指标为 3～5 万人，您是否会参加积分落户？
    ① 是　　　　　　　② 否

41. 如果北京每年积分落户指标为 0.5 万人左右，您是否会参加积分落户？
    ① 是　　　　　　　② 否

42. 如果有一天北京户口"含金量"下降，您是否会参加积分落户？
    ① 是　　　　　　　② 否

43. 您的性别：
    ① 男　　　　　　　② 女

44. 您的年龄：
    ① 18～26 岁　　　　② 27～36 岁　　　　③ 37～45 岁
    ④ 46～55 岁　　　　⑤ 56～60 岁　　　　⑥ 其他

45. 您的婚姻状况如何？
    ① 未婚　　　　　　② 已婚　　　　　　③ 离婚或丧偶

46. 您的文化程度如何？
    ① 高中（中专）以下　② 大专（高职）　　　③ 本科

④ 硕士　　　　　　　　　⑤ 博士

47. 您的技术职称情况如何？

　　① 无技术职称　　　　② 初级职称　　　　　　③ 中级职称

　　③ 高级职称

48. 您的职业是以下哪一类？

　　① 低端管理、技术、生产、销售或服务人员

　　② 中高端管理、技术、生产、销售或服务人员

　　③ 个体或私营老板

　　④ 其他

49. 您的月收入是多少？

　　① 5000 元及以下　　② 5001～10000 元　　　③ 10001～15000 元

　　④ 15001～20000 元　⑤ 20001 元及以上

50. 您的户口是：

　　① 农业户口　　　　　② 城镇非农业户口

51. 您的户口所在地在哪儿？

　　① 相对发达地区　　　② 相对落后地区

52. 您配偶或子女有无北京户口？

　　① 有　　　　　　　　② 无

53. 您住在北京什么地方？

　　① 城六区（东城区、西城区、朝阳区、丰台区、海淀区、石景山区）

　　② 非城六区

54. 您就业在北京什么地方？

　　① 城六区　　　　　　② 非城六区

55. 您在北京已居住多久？

　　① 2 年及以下　　　　② 3～6 年　　　　　　③ 7～10 年

　　④ 11 年及以上

56. 您在京居住方式是以下哪一种？

　　① 独立居住　　　　　② 与家人或对象同住　　③ 其他

57. 除配偶、子女、父母、亲兄弟姐妹外，您有无其他近亲属在北京？

　　① 有　　　　　　　　② 无

后　记

本书是北京市社会科学基金项目"北京市居住证积分落户政策研究"(项目编号：16SRB009)的结项成果,初稿于 2017 年 7 月—2020 年 2 月期间完成,2024 年 1—4 月因应北京市居住证积分落户政策的变化,做了必要的修改、充实与完善。

本书是项目组集体劳动的结晶,主要分工如下：

第 1 章、第 5 章由北京航空航天大学公共管理学院谢宝富教授撰写。

第 2 章由北京航空航天大学公共管理学院博士生晏满和谢宝富教授撰写。

第 3 章由广州市黄埔区应急管理局主任科员田星雨(北京航空航天大学管理学硕士)和谢宝富教授撰写。

第 4 章由谢宝富教授和河北农业大学管理系副教授袁倩(北京航空航天大学管理学博士)撰写。

书稿初成后,谢宝富教授对全书进行了数遍修改、润色和统稿,使各章节的内容和文风基本一致。

此外,在项目实施过程中,北京航空航天大学公共管理学院硕士生吴文鑫参与了部分计算工作；硕士生牟康辉、张亚楠等参加了课题调研工作。书稿完成后,北京航空航天大学公共管理学院任丙强教授、贾洪波教授拨冗审读了书稿；博士生欧阳蕾,硕士生张琳萱、张奕、张硕等参加了校对工作。

谨此说明,并向各位深致谢忱!

谢宝富
2024 年 4 月 25 日